偏向
平和祈念館の建設阻止

東京大空襲容認史観を許すな

土屋たかゆき
但馬オサム

展転社

推薦の辞

新しい歴史教科書をつくる会副会長　藤岡信勝

本書は、博物館を利用して日本人に偏向した「自虐史観」を植え付ける反日勢力の策動を阻止した活動の記録である。舞台は東京、阻止活動の中心にいた人物は、本書の著者・土屋敬之（たかゆき）氏だ。

土屋氏は、平成九年（一九九七）七月の東京都議会議員選挙に民主党から出馬し、初当選を果たした。一年生議員ながら、土屋氏は日本の戦後を毒してきた「自虐史観」について鋭い問題意識を持つと同時に、国会議員秘書の経験から身につけた、すぐれた調査能力を有していた。

土屋氏が都議会議員になってまず遭遇したのが、東京都平和祈念館建設の問題だった。調べてゆくと、計画されている祈念館の展示内容が、まさに「自虐史観」ではないかと疑われるものだった。例えば、「軍事都市東京」という言葉がある。これは東京が軍事都市だったから東京大空襲で叩き潰されたという論理に道を開くものである。また、展示の基本設計を委託した企画会社が、長崎原爆資料館で「やらせ写真」を展示した丹青社という会社であることも問題である。これは放っておくわけにはいかない、と直感した。

ここで、平成九年（一九九七）とはどんな年だったか、ちょっと振り返ってみよう。前年の六月に文部省（当時。平成十二年〈二〇〇〇〉一月から文部科学省に名称変更）の中学校教科書の検定結果が発表され、全社の歴史教科書に「従軍慰安婦」が記述されたことが判明した。これに危機感を覚えた研究者、ジャーナリストらが声を上げ、歴史教科書の改善を求める気運が高まった。

同年十二月二日、西尾幹二氏、小林よしのり氏を中心とするグループが記者会見を開き、「従軍慰安婦」が捏造（ねつぞう）された嘘であることを暴露し、新しい歴史教科書をつくる運動を始めると宣言した。私もこのメンバーの一人だった。こうして、翌年、つまり平成九年の一月に「新しい歴史教科書をつくる会」が正式に発足した。会長は西尾幹二氏、副会長は私・藤岡信勝だった。

つくる会の中心的なスローガンの一つは、「自虐史観の克服」だった。土屋氏はこうした動向の中で、都議会議員に立候補することを決意し、都政の場で活動を始めたのであった。だから、つくる会の動向は、直接・間接に土屋氏の問題意識の中に反映していたのではないかと推測される。

土屋氏は、東京都平和祈念館を担当する都の生活文化局から資料を取り寄せ、検討を始めた。初めはA４一枚の紙しかもってこなかった都庁の役人も、土屋氏の追及で資料を出さざるを得なくなった。

この博物館は、もともとは昭和二十年（一九四五）三月十日の東京大空襲を記録する、「東京大空襲記念館」として構想されたものだった。「記念」が「祈念」に変わったことは、客観的に資料を集めて展示するというコンセプトから、「反戦」を強調した特定の立場を強調しているように感じられる。

最大の問題は、東京大空襲の事実を後世に伝え、犠牲者の慰霊を含む機能を有するはずの博物館が、東京大空襲の展示は全体の展示計画の七分の一にすぎず、その他は日本がアジアに「侵略」したというストーリーを展開するものになることは明白だった。そして、東京大空襲それ自体については、前述したように、東京が軍事都市だから大空襲を受けた、という因果関係を推定させ、米軍による東京大空襲を事実上容認する歴史観にたっているものであった。

土屋氏は、より本格的な歴史問題の戦いの一環としてこの問題を位置付けようと考え、出身大学の恩師・中村粲(あきら)氏と私・藤岡に協力の依頼を出した。結果的に私がこの問題に関わることになったのだが、それは次のようなことがあったからである。

私は歴史教科書問題に取り組む際に、まずは、教科書に何が書かれているのか、その事実を知らせることが先決であると考えた。そこで、検定に合格した全社の中学校歴史教科書の近現代史の部分をコピーした資料をつくり、各方面に配付した。その中に、東京書籍の広島原爆の記述で、「軍都広島」というコンセプトに基づく記述があったのである。これは、都で進めようとしていることとウリ二つの発想である。

日本の左翼勢力は、戦後長らく、日本国民の戦争体験の悲惨さを強調することで反戦・平和の信条を育てるということに注力してきた。しかし、この路線は、一九八〇年代に入ると大きく転換した。日本人の戦争による「被害」の歴史から、日本がアジアに侵略した「加害」の歴史を教えることを中心に据えるようになったのである。ここに、「自虐史観」という明瞭な歴史観が成立する。

この背景には日本が一九八〇年代にアジアとの経済的関係を深めるようになったということも前提となっていた。

これは彼らの戦略的な方針であって、教科書に限られたものではなかった。そのことがわかるのは、本書巻末の年表にも採録されているとおり、一九八三年に「平和博物館をつくる会」が発足していることである。このよびかけ人代表が、あの教科書裁判で有名な家永三郎氏で、役員構成も教科書問題などで登場する人物と重なっている。そして、同会は「あらゆる自治体に平和資料館を、学校・図書館に平和コーナーを」というアピールを発していたのである。

教科書は学校教育の分野、博物館は社会教育の分野だが、人間の頭は一つであって、どこで「自虐史観」を刷り込まれても被害は同じである。こうしたことから、私は東京都平和祈念館問題に首を突っ込むことになったのである。

ベネディクト・アンダーソンは『想像の共同体』の中で、近代ナショナリズムの形成に」おけるマスメディアの発達とともに、博物館の役割を非常に重視した。博物館は国民という意識を育てる機能を果たすこともできるが、特定の政治イデオロギーの洗脳手段としても使われる。

鳥居民『反日で生きのびる中国』が書いているように、中国共産党は権力を奪取する過程で、洗脳教育に博物館を大々的に利用した。一九九四年には江沢民が「反日愛国教育」の拠点として、全国数百箇所に「反日記念館」をつくらせ、児童・生徒を強制的に見学させたことは記憶に新しい。教科書をめぐる戦いと博物館をめぐる戦いは、「反日自虐史観」との戦いの二つの戦場なのである。

土屋氏を中心とする、東京都平和祈念館建設計画に反対する運動は、見事な成果を収め、都は建設のための予算を凍結した。その経過が詳細に本書に書かれている。そこから、多くの教訓を引き出すことができるだろう。

今また、反日勢力は彼らのめざす反日洗脳の場としての祈念館をつくろうとまたぞろ動き出している。その宣伝のポイントは、①石原都知事と右翼議員が結託して潰した、②せっかく集めた遺品がもったいない、などの俗耳に入りやすい理由である。①について言えば、凍結を決めたのは石原都知事の時代ではなく青島都知事の時期である。

土屋氏は、昨年八月、「教科書をよくする地方議員の会」に参加するとともに、十二月から広範な都民と共に偏向した東京都平和祈念館の建設を阻止する運動を展開している。但馬オサム氏の論考で補強された本書は、東京に限らず、過去の経験にまなび、「反日自虐」博物館、特に東京大空襲容認史観の「東京都平和祈念館」をつくろうとする勢力と戦う上で、実践的に大いに役立つものと信じ、推薦の辞としたい。

偏向平和祈念館の建設阻止◎目次

第五章　全国の偏向平和祈念館

装幀　古村奈々 + Zapping Studio

第一章

平和祈念館に関する石原慎太郎都知事答弁

質問（土屋たかゆき都議）

いわゆる東京都平和祈念館の問題について、都民的ディベートを提案します。これは、平成九年に私が当選した直後の第四回定例議会の前に私が調査した結果で、左翼と生活文化局ぐるみの陰湿な策謀です。展示計画の七分の一が追悼、あとは、東京は軍事都市だったから爆撃された、日本の加害責任の追及などで七分の六が占められています。

質問の過程で、局は、都議会議員の皆さんにも参加をしていただいてと、その正当性を強調していましたが、先日、野田かずさ都議が「江戸から東京へ」の偏向を追及したときも、教育庁は、文教委員会の先生方にはゲラを配っていますと抗弁しています。配布することが同意したと認識するとするなら、とんでもない法感覚を持った人間といえます。

なぜ今この話題がと不思議に思われる議員諸氏もいるでしょうが、平成九年から十年にかけて、都議会では大議論になりました。文教委員会でも集中審議が何度も行われ、つじつまの合わない答弁で予算凍結、つまり、計画は実質中止となりました。

ところが、十年以上経過したころから建設推進の陳情が出るようになり、過日は都議会議員へのアンケート調査が実施をされています。

土屋たかゆき都議

このような計画は、大概、審議会がつくられます。前回もそうでした。ところが、座長を含めてトップ三人は、そろいにそろって空襲容認史観、自虐史観であります。
座長は、この平和祈念館問題が議会で議論になっていることを知って、議会で議論になろうとなるまいと、議会での議論を建設委員会の中に持ち込まないというのが私の考えですと、平成九年十一月十四日の委員会で発言しています。知事の私的諮問機関にすぎない委員会の座長が、都議会の二元代表制を無視した主張であります。

生活文化局は、この偏った人選について、適正に選んだといい張りました。今もいっています。

さらに、一般公募と称する民間人が五名参加しています。その審査で選ばれた人の本当の仕事は、団体役員とあるのは、日本原水爆被害者団体協議会事務局次長、平和博物館を創る会編集委員、中学教師とあるのは、教職員組合の教文部長、主婦とあるのは、社民系の日本婦人会議常任委員、社民系でつくる東京平和運動センター代表幹事、会社員とあるのは、反核家族新聞発行人、大学生とあるのは、民青の影響の強い東京の高校生平和の集い実行委員の前歴がある京都大学学生であります。

実は、公平でない証拠があります。当時、私は民主党に所属しておりましたが、その運動センター幹部から、おれたちが送り込んだ公募委員に反対するなと直接いわれたんですよ、民主党の諸君。このどこが公平で公正なんでしょうか。ですから、公募委員の発言は、追悼から離れて、東京大空襲に至った侵略戦争、回覧板も戦意高揚の政策だといいたい放題であります。

実は、この審議会とは別に、企画会社の中に秘密の委員会がありました。この委員会の存在が判明したのは、担当課長が説明の折に、うっかり資料を机の上に忘れていったからであります。この秘密の委員会はどんな資料にもありません。企画会社の中にこれをつくったといい逃れをしていますが、実はいろいろな資料から、ここで展示の核心を計画したことがわかりました。もちろん、都庁職員も参加しています。

生活文化局は、今もいい逃れに終始していますが、都庁官僚諸君は、人権週間に左翼講師を招聘し、天皇が死んだら祝杯を上げようと発言した講師の選定も問題がないといい張り、都立西高のごみ捨て場の後ろに国旗掲揚塔が建設されているのも、巡回する指導主事が意図的に見逃しているさまは、曲学阿世（学問を曲げて世を惑わす）や浅学非才（学問が浅く才能がない）を通り越し、無知蒙昧、左翼小児病罹患と認定できます。

十五年の間、私は同志とともにこれらを摘発してきましたが、局から私たちに報告があった事例はゼロです。これを考えると、橋下大阪市長の公務員制度改革が必要であると考える都民はたくさんいます。

ゲーテは、最も民族的なものこそ最も国際的といいました。また、歴史学者トインビーは、十二歳ごろまでに自国の神話を教えられていない民族は滅びると、またリンカーンは、国民は記憶の糸でつながっているといっています。

この民族の歴史の糸をへんぱ的で稚拙な政治的なアジテーション史観で踏みにじっているのが今日の教育や左翼の歴史捏造です。この問題についても、石原知事のご見識をお伺いいたしまして、私の質問といたします。

答弁（石原慎太郎都知事）

東京都平和祈念館についてでありますが、これは今まで歴史認識や展示内容などをめぐって、議会でもさまざまな議論がなされて、当時の予算に付された都議会の合意を得た上で実施するということなど、付帯決議はまことに妥当でありまして、その重みを十分認識しております。

おかしな話で、広島の原爆の慰霊碑に「過ちは繰返しませぬ」、これ、一体主語は何なんですか。どう考えたってこれは日本人じゃない。オッペンハイマーという天才的な科学者、この人が原爆をつくった。私はオッペンハイマーの評伝というのを読みましたが、彼は広島の惨劇というものを目にして、日本にざんげして後悔して、その後、それをずっと演繹した水爆の製造に同意せずに、結局、マッカーシーによって非米委員会にかけるような、一時は要するに裏切り者とされて、結局、ケネディがそれを復権させたんですけれども、そのオッペンハイマーは、自分がつくった原子爆弾というものがいかに効果があって、いかに多くの人を一方的に殺りくしたか。あの瞬間にして殺された被害者というのは数十万ですけれども、九九％非戦闘員ですよ。これは明らかにジュネーブ協定違反ですが、その他のことをアメリカは堂々とやってきた。

石原慎太郎都知事
（産経新聞社提供）

この記念碑の対象になっている東京の大空襲にしたって、あれはもはや高射砲が届かないぐらいの高空というものを飛ぶようになったB29という一種の新兵器というものが制空権をなくした日本の空で、超低空、三百メートルの低空でとにかく焼夷弾をばらまいて、非戦闘員を一晩にして東京では十万殺した。名古屋でも同じことをやりましたが、これをとがめた岡田資(たすく)という当時の中部軍管区の総司令官が、パラシュートでおりてきたアメリカのB29の操縦士を処刑した。これは結局B級戦犯として一方的に裁かれて、抵抗の余地もなく死刑にされましたが、こういった事例を私たちはもう一回思い返したらいい。

しかも、ルメイというのは航空の総司令官ですけれども、東京の大空襲を参謀たちは反対したのに、おれは日本が嫌いだ、日本人が嫌いだ、あの汚い国を焼いてきれいにするんだといって強行した。そのルメイに日本はおかしなことに、空軍自衛隊、航空自衛隊の創設に功があったというので勲章をやるんですな。こんなばかげた国というのは、私は世界にはないと思いますけれども、そういうことも思い起こして、この平和祈念館なるもののこれからの存続については、私たち、しっかりと物を考えた方がいいと思います。

(平成二十四年都議会第二回定例会)

第二章

東京大空襲とは何だったのか

平和祈念館を正す都民連絡会

昭和二十年三月十日——火の海と化した東京

日本がアメリカと戦争を続けていた昭和二十年（一九四五）三月十日午前零時十五分ころのことです。

空襲が迫っていることを知らせるサイレンが、寝入りばなの東京都民をたたき起こしました。前日の三月九日は強い北風が吹く気味の悪い日で、夜の十時半には警戒警報が出され、人々は避難の身支度をしたり、防空壕に入ったりしました。しかし、この時は実際の空襲はありませんでしたから、やれやれ今夜は大丈夫だろうと安心して、多くの市民は寝床についていたのです。いったん安心させておいて奇襲するのが米軍の作戦だったとは、日本人の誰一人知るよしもありません。

東京東部の下町地区の人々が着のみ着のままで外に飛び出した時には、米軍の戦略爆撃機Ｂ29が投下した焼夷弾が炸裂し、あちこちで火の手が上がっていました。民家の屋根を突き破り落下してきた金属製の円筒からは、火のついたガソリンがばらまかれました。Ｂ29はあとからあとからやってきて、超低空で飛行し、まだ燃えていない家屋をめがけて焼夷弾を次々と落としていきました。下町一帯はたちまち火の海となり、道路は逃げまどう人々であふれました。折からの強風にあおられて、火災は細胞が増殖するようにひろがっていきました。高温に熱せられた熱風が吹き抜け、路上を逃げる人をカンナくずのように燃やしました。熱風にのって畳が舞い上がり、箪笥（たんす）が空を飛びました。この灼熱地獄を生き延びれるかどうかは運命のいたずらとしか言いようがありません。熱さから逃れようと川に飛び込んだ人の多くも助かりませんでした。言問橋では両岸から押し寄せた避難民がぶつかり、大惨事となりました。避難場に指定されていた明治座に逃げ込んだ数千人の人々は、大型焼夷弾を投下され、異常な高熱で焼き殺されて砂と石に変わってしまいました。

三月十日未明の東京大空襲は、二時間半の

東京を空襲するB29爆撃機

しました。

間に死者十万、負傷者十五万、家屋を失ったもの百万という未曾有の惨禍を残

「東京を焼畑にしろ！」――周到に計画された「東京大虐殺」の真相

東京大空襲は偶然が重なってあのような大惨事になってしまったというのではありません。それは米軍によって周到に計画され、意図通りに実現した大量殺人、いわば「東京大虐殺」というべきものでした。

昭和十九年（一九四四）七月、日米戦争で大きな転機となる出来事がありました。西太平洋のサイパン島が米軍の手に落ちたのです。米軍はこの島に日本本土空爆の拠点となる基地を建設しました。マリアナ三島とよばれるサイパン、グアム、テニアンから発進したB29による日本本土爆撃は昭和十九年（一九四四）十一月二十四日に始まり、昭和二十年（一九四五）三月四日まで二十回に及びました。ただし、これらの爆撃は、軍需工場など主に軍事目標を対象にした精密爆撃とよばれるものでした。

しかし、米軍は日本の軍事目標に対する精密爆撃の成果は不十分であると判断しました。Ｂ29の損害が累積し、日本国民の戦意が旺盛で継戦能力に衰退の兆しが見えなかったからです。そこで、米軍は日本への爆撃方針を大転換しました。軍事目標を対象とする攻撃から非戦闘員を対象とする無差別爆撃に変更したのです。それまで日本本土爆撃を指揮したハルセン少将は、軍事目標から外れた焼夷弾が一般の家屋を焼くことを恐れ、焼夷弾の使用に消極的でしたから、「戦争には不必要な人道主義者」と批判され、更迭されました。

ハルセンに変わって登場したのは、カーチス・ルメイ少将です。ルメイはドイツの都市ハンブルクの無差別爆撃を指揮したことで勇名をはせた人物です。ルメイは一月に着任すると、一カ月以内にアメリカ本土からＢ29五百機以上と搭乗員、必要な整備員、それに焼夷弾一万トンを用意することを要請しました。また、江戸時代以降の東京で起きた大火を研究し、三月上旬に発生した火事が全体の五十パーセントを占めていることを発見しました。特に十万人の死者を出した明暦の大火は、三月二日の北風の強い日に起きていることも突きとめました。こうしたことを考慮して、東京大空襲の決行日は、日本の陸軍記念日であった三月十日と決定されたのです。
しかし、焼夷弾を使って民間人を大量に殺傷するというアイディアは、ルメイが初めて考え出したのではありません。昭和十六年（一九四一）十二月パールハーバーへの攻撃で日米戦争が始まる前から、米軍の中には「木と紙」でできている日本の住宅を壊滅させるには焼夷弾で焼き払うのが最も効果的だという考えが生まれていました。そして、昭和十九年のはじめには、砂漠に日本式家屋を建て、家具まで日本式にしつらえてその上に焼夷弾を落とし、燃え尽きるまでの時間を測定する実験が行われていました。

昭和二十年（一九四五）三月七日、テニアンにおいてB29の機長を前に、ルメイは指揮官として東京の下町地区への焼夷弾攻撃を指示しました。ルメイは後に、無差別爆撃による民間人の大量虐殺を自己弁護して、「私は、日本の戦闘員をやっつけたのだ。民間人を殺したのではない。日本の軍需工場システムを消滅させたのだ。当時、日本の家屋の多くが軍需工場であった。東京や名古屋などの大都会の家々がアメリカを攻撃する兵器の製造工場になっていた。日本の老人、婦人、子供までが軍需生産に携わっていた。これらをやっつけて何

日本式家屋への爆弾テスト

M69 焼夷弾の火災発生と燃焼能力を測定するため、砂漠に建てられた日本式家屋への爆撃テストが繰り返し行われた。写真は、焼夷弾投下時（上段左）から順番に 10 分後、15 分後、20 分後の火災状況を説明している。

が悪いと言うのだ」と開き直っています。

都が進めていた平和祈念館の展示計画は、「軍事都市東京」の名の下に、「東京が軍事都市だったから東京大空襲をやられたのも当然の報いだ」とする東京大空襲容認論に基づいています。これは、カーチス・ルメイの独善に満ちた論弁をそっくりとり入れたようなものです。

カーチス・ルメイは、東京の人口密集地帯である本所区（当時）を中心とした東西五キロ、南北六キロの地域を目標と定めました。まず、B29、二十五機が二手に分かれ一機あたりM69焼夷弾を十五メートル間隔で順次投下、X状に火の壁を作りました（「空襲による井状の火災帯構成」図の①②）。M69焼夷弾は、高度六百メートルで炸裂して、三十八発の小型焼夷弾に分かれます。東京の下町を高熱で燃焼させることができる恐るべき兵器です。X状の火の壁を作った後は、図の③④に同じように焼夷弾を投下し、さらに火の壁を作ります。ここで人々は外に逃げることは不可能になります。最後に囲みの中を、縦列に並んだB29が焼夷弾を次々に投下していきます。

この作戦に投入されたB29は三百五十機、焼夷弾は二千トンにも上ります。

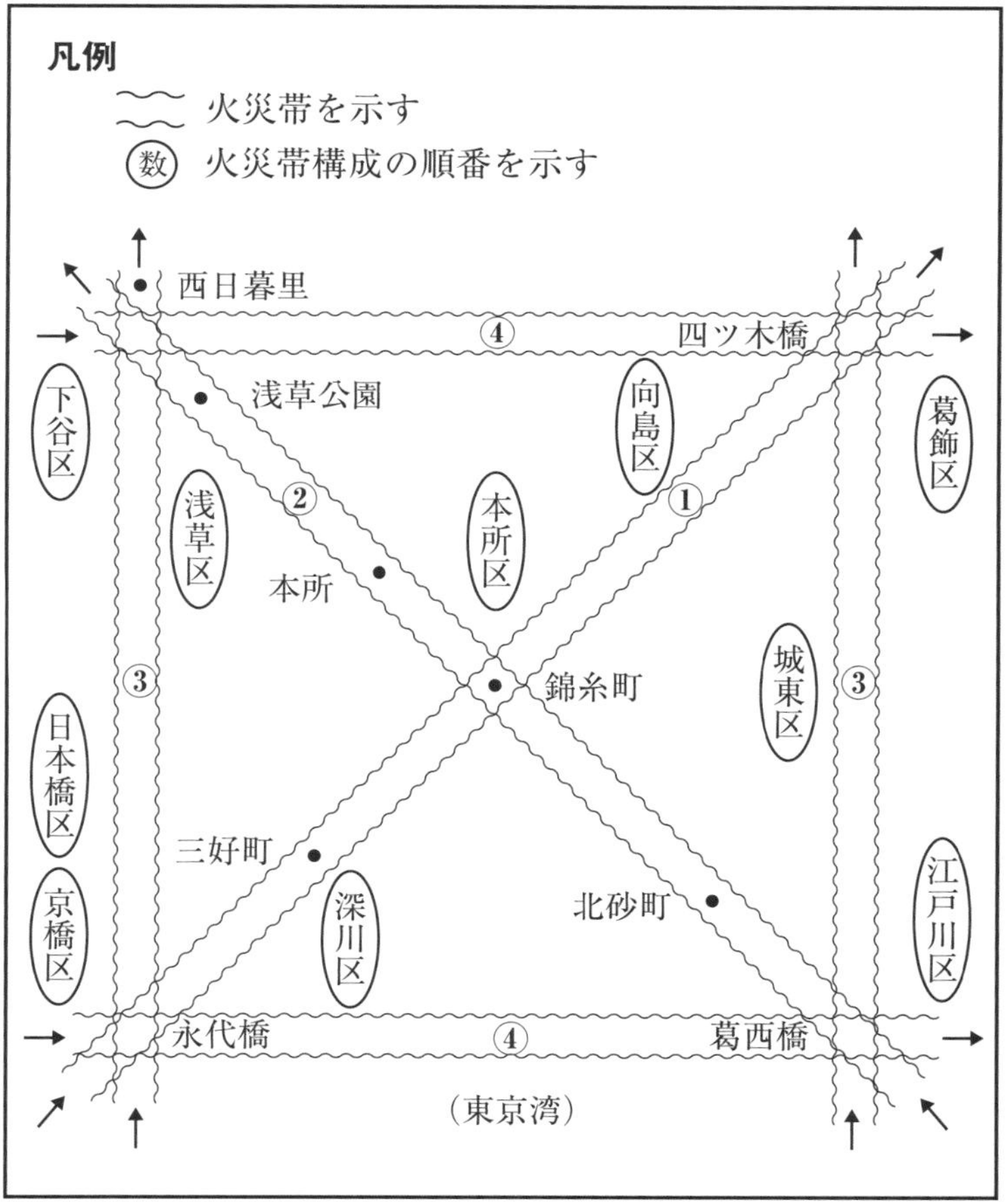

空襲による井状の火災帯構成
無差別爆撃は冷酷緻密な計算に基づいて実行された。
まず①②のＸ状に爆撃、ついで③④と火の壁を作り、最後に囲みの中を縦列に絨毯爆撃した。

一平方メートルあたり三発の焼夷弾が投下された計算になります。「東京を焼畑にする」ルメイの作戦はこのようなものでした。これは国際法違反の明瞭な戦争犯罪であり、しかも第二次世界大戦中でも最大規模の戦争犯罪でした。戦争犯罪として裁かれなかったのはアメリカが戦勝国だからです。勝者の不法行為が罷り通ったのです。

東京大空襲の作戦計画の背景には、ジャップ（日本人）を人間以下の生物だと見なす人種偏見がみられます。そうでなければ、これほど冷酷な作戦を実行できるはずがありません。実際、ある調査によれば、戦争末期にアメリカの兵士の半数以上は日本人を皆殺しにする必要があると考えていました。東京大空襲の指揮官カーチス・ルメイという人物について、日本のある作家は次のように評しています。

「ルメイは人間と獣の狭間を低迷するといった生易しい冷血漢ではない。ルメイこそ二十世紀が不幸にも歪んで生みおとした、没感情の奇形児ともいうべきか。人間性や憐れみの情など彼には死語なのだ。大量虐殺は彼にとって無恥な破壊ではなく、一つの処理であり、事業であり、新陳代謝の美学でさえある」

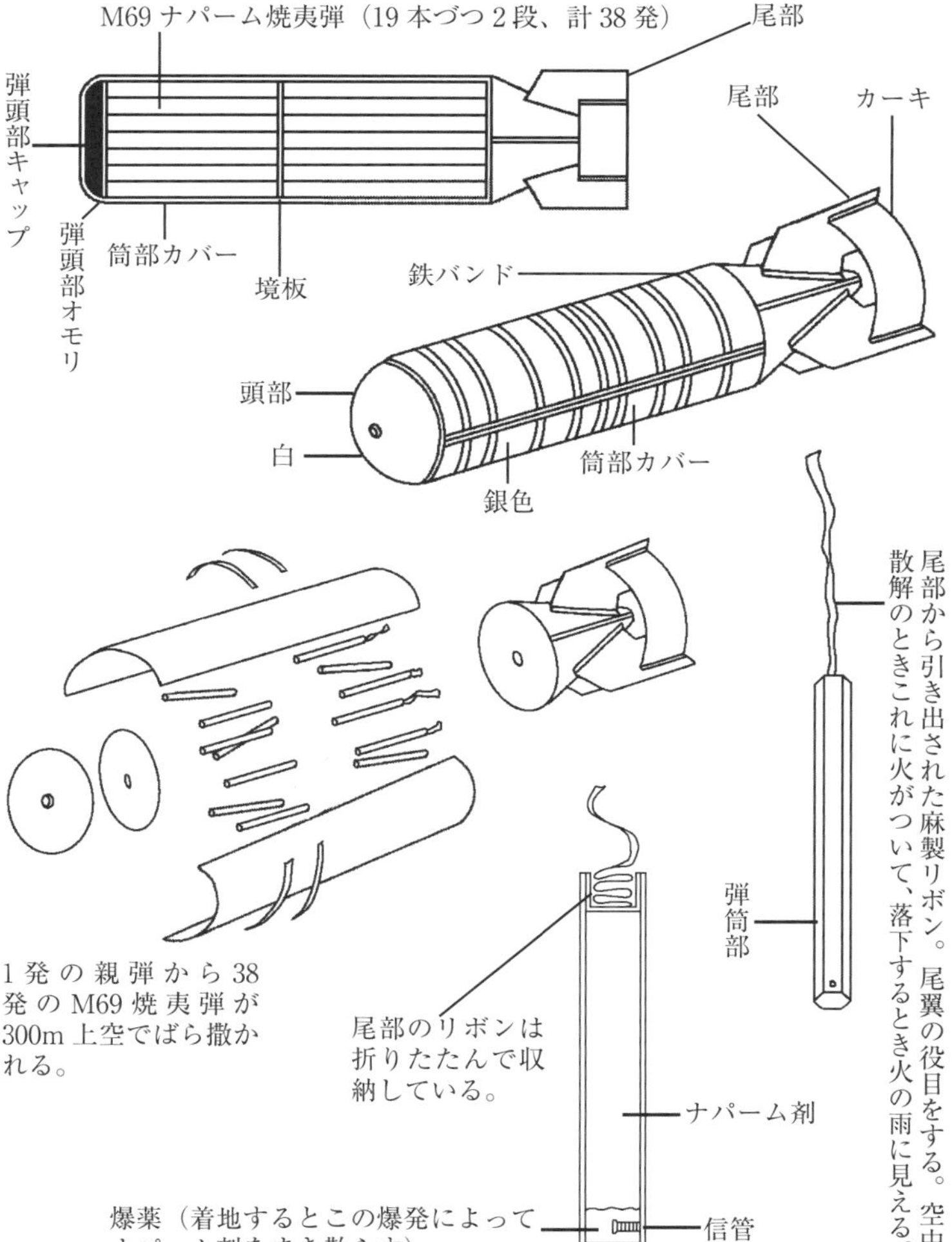
M69 ナパーム焼夷弾（19 本づつ 2 段、計 38 発）
尾部
弾頭部キャップ
弾頭部オモリ
筒部カバー
境板
尾部
カーキ
鉄バンド
頭部
白
銀色
筒部カバー
尾部から引き出された麻製リボン。尾翼の役目をする。空中散解のときこれに火がついて、落下するとき火の雨に見える。
弾筒部
1 発の親弾から 38 発の M69 焼夷弾が 300m 上空でばら撒かれる。
尾部のリボンは折りたたんで収納している。
ナパーム剤
爆薬（着地するとこの爆発によってナパーム剤をまき散らす）
信管

M69 集束焼夷弾分解図（イラスト：ギタレンヌ）

（岡本好古『東京大空襲』徳間文庫）。

空襲遺族の嘆き――占領軍の検閲と冷酷な行政のあり方

戦争が終わってから、日本を占領した米軍は、東京大空襲の戦争犯罪が世界に知られるのをおそれ、その報道を厳しく取り締まりました。それは原爆についての報道の規制よりも、もっと厳しいものでした。「占領軍に対して不信もしくは怨恨を招来するが如き事項を掲載してはいけない」という検閲条項があったのです。あちこちの公園に仮埋葬した遺体を掘り出して改葬することすら、占領軍はなかなか認めませんでした。許可がやっと下りたのは、昭和二十六年（一九五一）です。

東京大空襲当時、警視庁に石川光陽さんという専属のカメラマンがいました。石川さんは上司に命じられて東京大空襲の直後の惨劇を撮影した唯一の日本人でした。占領軍は石川さんの存在を探り出し、フィルムの提出を命令しました。石川さんは、自分が命をかけて撮影した大切な記録を渡してなるものかと決意

旭日大綬章を受けとる

ルメイ米空軍参謀総長

六日来日した米空軍参謀総長カーチス・ルメイ大将は七日朝、埼玉県の航空自衛隊入間基地を訪問、航空自衛隊浦幕僚長から勲一等旭日大綬章を受取った。

この勲章は、ルメイ大将が「戦後、日本の航空自衛隊の育成に協力した」という理由で日本政府から贈られたもの。これに対して同大将は太平洋戦争末期、日本爆撃に大きな役割をはたしたグアム島駐在米爆撃隊司令をしており、原爆投下にも関係があった人だというので、社会党や原水禁団体、広島、長崎の被爆者からは「国民感情として納得できない」という反対の声がでていた。

なお同大将は同日午後一時半、防衛庁を訪れ、三輪事務次官にあいさつした。

カーチス・ルメイに勲一等旭日大綬章
朝日新聞夕刊（昭和 39 年 12 月 7 日付）

し、持ち帰って自宅の庭に埋め、提出を拒否しました。今日、私たち日本人が、東京大空襲の惨状を写真で見ることができるのは、この石川さんの英雄的な行動のおかげです。

しかし、日本人は、アメリカ占領軍によって東京大空襲のことを急速に忘れさせられました。昭和二十八年（一九五三）に占領が終わり日本が独立しても、占領下の検閲のころの習慣で、新聞は東京大空襲のことを書くことをしませんでした。日本政府もまた、アメリカに対して日本国民の立場で発言することはありませんでした。それればかりではありません。日本政府は昭和三十九年（一九六四）十二月、あのカーチス・ルメイに、勲一等旭日大綬章を与えたのです。戦後の日本のアメリカへの隷属ぶりを示す出来事です。

東京空襲犠牲者を追悼し平和を祈念する碑

東京都墨田区の横網町公園には「東京空襲犠牲者を追悼し平和を祈念する碑」があります。この碑は、東京空襲の史実を風化させることなく、今日の平和が永く続くことを祈念するため、平成十三年（二〇〇一）に東京都が設置しました。祈念碑の上部は、生命の象徴である花々を植えた花壇となっており、祈念碑の内部には、東京空襲で犠牲となられた方々の名簿が収められています。

第三章

東京大空襲は戦争犯罪だ

但馬オサム

アニメ『火垂るの墓』が極右主義映画？

高畑勲監督の長編アニメ映画『火垂るの墓』（昭和六十三年〈一九八八〉、原作・野坂昭如）といえば、大戦末期の神戸を舞台に、アメリカ軍の空襲で両親を亡くした兄と幼い妹が懸命に生きる姿を通して戦争の悲惨さと人の世の無情を描いた感動作として知られています。日本はいうに及ばず世界中のアニメファンの涙を絞り大ヒットを記録したことは、いまだ記憶に新しいところでしょう。国籍、宗教、思想の左右の違いを超えて愛され続けている『火垂るの墓』ですが、なんと、自由主義諸国の中で唯一正式公開までに二十六年も要した国があります。お隣の国・韓国です。

「戦争の挑発国である日本の自国民を被害者として描写していて、（韓国国内で）極右主義作品という論議を起こしてきた」（「ジョイニュース24」二〇一四年五月十五日号）というのがその理由なのだとか。どのような環境で鑑賞したかは知りませんが、あのアニメに「極右主義作品」という評価を下せるのは、おそらく韓国人ぐらいのものでしょう。

先代林家三平夫人でエッセイストの海老名香葉子さんは、東京大空襲で長兄を除く家族すべてを失うという幼年期の壮絶な体験から、戦争と平和の語り部として、九十歳近い現在も講演活動や執筆に活躍されていますが、韓国からすれば、さしずめ香葉子さんも「極右思想」の持ち主ということになります。これを聞いたら、林家一門が全員腰を抜かすのではないでしょうか。

「戦争を起こしてアジア諸国に迷惑をかけた加害者の日本が、被害者ぶるのはけしからん」というのが韓国の言い分のようですが、ここには、戦前の日本がなぜ大陸に進出し、なぜ対米戦争に踏み切らざるをえなかったかという俯瞰的な視点は一切なく、善×悪、被害者×加害者、勝者×敗者といった単純な二元論があるだけです。むろん、日本の決断や行動がすべて正しかったとはいいませんが、複雑な国際情勢の中、さまざまなベクトルが日米を開戦へと向かわせたのは事実でしょう。タンゴはひとりでは踊れないのです。戦争もまた一国の事情だけでは起きないということです。

歴史は単純な足し算、引き算ではなく、三次方程式、四次方程式で解かなければいけません。いや、五次、六次方程式を用いたとしても必ずしも明確な答えを導くことができるとは限らないのが歴史というものなのです。そもそも、日本を加害者というなら、先の大戦時、朝鮮は日本の一部であり、数多くの朝鮮人青年が志願兵として戦線に参加していたわけですから、韓国もまた加害者側の一員であると言えるのではないのでしょうか。

また、韓国はよく「戦犯国」という言葉を日本非難の文脈で使いたがります。たとえば、「同じ第二次世界大戦の戦犯国でありながらドイツは過去を真摯に反省しているが、日本は反省していない」といった具合にです。いわゆる徴用工問題が表面化してからは「戦犯企業」という言葉も生まれましたし、最近では旭日旗を「戦犯旗」と言ったりするようです。

確かに「戦犯」（戦争犯罪・戦争犯罪人）という言葉は存在しますが、特定国家を指して「戦犯国」という言い方は存在しません。ましてや、「戦犯企業」や「戦犯旗」というのは韓国人の脳内だけに存在する概念といえます。つまり、国際法上、何の根拠もない言葉なのです。

戦争犯罪行為は戦勝国、敗戦国かかわらず起こしうるし、実際、連合国側の戦争犯罪もまたすさまじいものがありました。それこそ、東京大空襲をはじめとした非戦闘員、つまり民間人を狙った都市空爆は、明らかに陸戦条約違反であり、れっきとした戦争犯罪行為に他なりません。広島・長崎の原爆投下もまたしかりです。

世界の戦争犯罪

その他、戦時のレイプや捕虜虐待なども戦争犯罪行為に該当します。アメリカの教科書は、欧州戦線でのノルマンディー上陸作戦のことを、米英連合軍がナチスからフランスを解放した誇らしい軍事作戦であると教えていますが、実際の解放後のノルマンディーでは、駐留したアメリカ兵によるレイプが絶えなかったということも多くの証言から明らかです。ドイツ人女性もフランス人女性も見境なく強姦されています。また、この軍事作戦における空爆では、ドイツ兵の死亡者数を超える二万人の一般市民の生命が犠牲になっているのです。近い将来、この作戦に関する歴史的評価も大きく変わるかもしれません。

連合軍の日本軍捕虜に対する虐待については、会田雄次著『アーロン収容所』

をはじめとする数多くの証言・記録が残っています。また中立条約を一方的に破棄して満洲に侵攻、兵士ばかりか民間人までを連行し厳寒のシベリアで強制労働をさせ多くの人命を奪ったソ連（当時）の暴虐は、未来永劫語り継いでいかなくてはいけません。

今記したものは、連合国側の行った戦争犯罪行為のごく一部に過ぎないといえます。東京裁判やそれに先立つニュルンベルク裁判によって枢軸国側の戦犯行為は裁かれたものの、それら連合国側の戦犯行為は一切裁かれることなく現在まできているというだけの話なのです。東京裁判を裁判の名に値しない連合国による単なる復讐劇だとする一部の歴史家の見解はここからきているといっていいでしょう。

日本を「戦犯国」となじる韓国ですが、歴史を振り返れば、韓国軍もベトナム戦争参戦時には筆舌につくしがたい戦争犯罪をいくつも引き起こしています。レイプや強奪は当たり前、ベトコン（ゲリラ兵）が潜んでいるはずだといって村ごと民間人を焼き殺したりなどということも行われていました。これらに関してはベトナム側にいくつもの記録、あるいは現地の人々の記憶に生々しく残っています。しかもそれは、敵である北ベトナムの領内ではなく、本来、彼らが防衛しなければならない南ベトナムの地で行われた非人道的行為なのでした。韓国兵によって残された混血児、いわゆるライダイハンの問題は、今も両国の間に深く刺さったトゲとなっています。

だからといって、韓国人が自らの国を「戦犯国家」と呼んで反省自戒しているという話を聞いたことはありません。国家として正式にベトナム政府に謝罪したという話も聞いたこともありません。それどころか、韓国ではベトナム戦争に参戦した退役軍人は英雄として扱われており、彼らの発言は一定の政治的影響力すらもっています。

なぜなら、韓国軍のベトナム派兵は、アメリカからの莫大な資金援助と戦争特需を韓国にもたらし、それが「漢江の奇跡」と呼ばれる高度経済成長の原資となったからです。現在の大韓民国の礎を築いた功労者であるベトナム帰還兵を韓国政府もあだやおろそかにできないということでしょう。言葉を換えれば、韓国政府がベトナム政府に公式謝罪をすることは、それら功労者の名誉に泥を塗ることになると考えられているようです。

仰天の「東京大空襲訴訟」

本書は、韓国批判を目的としたものではありませんからこれ以上の深追いは控えますが、実を言えば、「加害者である日本が被害者ぶっている」という倒錯的な見方で先の大戦における日本の戦争被害——空襲や原爆を語る勢力は、驚くべきことにこの国にも根強く存在するのです。

一例を挙げるならば、平成十九年（二〇〇七）に、東京大空襲の被災者・犠牲者の遺族百十二人が、被害の謝罪と総額十二億三千二百万円の損害賠償を求めて日本政府に対して訴訟を起こすという出来事がありました。いわゆる「東京大空襲訴訟」と呼ばれるものです。原告団が訴状の中で挙げた「裁判目的」にはこうあります。

「東京空襲が国際法違反の無差別じゅうたん爆撃であったことを裁判所に認めさせ、戦争を開始した政府の責任を追及する」。

東京大空襲が国際法違反である民間人に対する無差別殺戮であることは認めつつ、その責任を「戦争を開始した政府」に求めています。当然ながら、当時の日本政府も軍部も、本土に空襲が起こることを想定して戦争を開始したわけではありません。もともと戦争のルールに反する行為ですから、想定のしようもないことです。

たとえば、日本という国とアメリカという国がボクシングの試合をしたとしましょう。ご承知のとおり、ボクシングのルールでは、使える武器は両の拳だけです。また、下半身への攻撃は禁止されています。ボクサーもその認識のもとにリングに上がるわけです。しかし、対戦相手のボクサー（アメリカ）が突然、蹴りを出す、頭突きを出す、さらには下半身への攻撃を開始してきたらどうなるでしょう。都市空爆や原爆投下がこの蹴りや頭突きにあたります。

実際のボクシングなら、レフェリーがすぐさま試合を止め、反則行為の減点を取るなり、悪質な場合は相手選手の負けを宣言するわけですが、戦争というリングには公明正大なジャッジをしてくれるレフェリーなどいなかったのです。国際社会も国際連盟もアメリカの反則には見て見ぬふりでした。その意味では、国際法（ハーグ陸戦条約）など有名無実の証文のようなものかもしれません。結局、日本というボクサーは、相手の反則キックや頭突きを多数受けて満身創痍でマットに沈んだのです。

先の原告団の論理からいえば、アメリカの反則攻撃を招いたのは、日本がアメリカとボクシングの試合をしたからであって、悪いのは日本だ、ということになってしまいます。これはどう考えてもおかしいことです。

ゲリラはルール違反

アメリカはベトナム戦争でも反則スレスレの戦法を用いています。それが枯葉作戦でした。ジャングルという地の利を活かした敵のゲリラ戦に悩まされ続けたアメリカ軍は、上空から強力な枯葉剤を撒き、ジャングルを丸裸にしてしまう作戦に出たのです。しかし、撒布された大量の枯葉剤にはダイオキシンなどの有害物質が含まれており、それを浴びた女性から生まれた子供の多くに奇形が見られ、彼らは成人した現在でも重い後遺症に苦しんでいます。奇形児を作った責任は枯葉剤を撒いたアメリカにあるのでしょうか。それとも、そのアメリカと戦争をした当時の北ベトナムにあるのでしょうか。考えるまでもなく答えは出てくると思います。

ちなみに、ベトコン（ゲリラ兵）を使った戦闘も厳密な意味でいえば、ハーグ陸戦条約違反です。

戦争とは「戦闘員と戦闘員の戦い」を意味します（したがって民間人の虐殺は戦争犯罪行為なのです）。同条約は、階級章のついた軍服を着て武器を見える形で携帯している者を「戦闘員」と規定しており、私服や民族服を着用し、一般人に紛れて戦闘すること（つまりゲリラ戦）を禁じています。これを許せば、兵と一般人の識別が困難になり、一人のゲリラ兵を倒すために一般住民にも多大な被害を与えるからです。

しかし、実際はこういったゲリラ戦は多くの戦争で行われてきました。特に、火器等兵力の圧倒的優位な相手に対し、非戦闘員に擬装したゲリラ兵の投入は、心理的な揺さぶりを含めて意外な効果を発揮するからです。いわば、弱者の戦法といえます。日本軍も支那事変（日中戦争）当時、このゲリラ戦には大いに悩まされました。どこに敵が潜んでいるかわからない、あるいは、物売りの少年や女性と思って安心していると、突如、隠し持っていた短銃や竹槍で襲ってくるということもあったといいます。

現在、中国大陸における日本軍の残虐行為として語られているものの中には、こういったゲリラ兵との戦闘が曲解された、あるいは悪意的に誇張されて伝ったケースもあるのではないかと思うのです。ゲリラ兵の処刑は合法です。しかし、事情をよく知らない者が現場を見れば、民間人の虐殺と映るでしょう。あえてそう喧伝し、日本軍＝非道というプロパガンダに使う、これも情報戦の一環としては大いにありうることです。

周到に準備された東京大空襲

お話を東京大空襲に戻すことにしましょう。東京大空襲に限らず、アメリカ軍の都市空爆がいかに人道に反する虐殺行為であり、それがいかに用意周到に行われていたかをまず知る必要があると思います。

アメリカ軍は空爆計画を立てるにいたって、木と紙でできた家屋の密集する日本の都市に対しては通常の爆弾による破壊よりも焼夷弾によって一気に焼きつくす方が効果的という結論に達しました。そのために、関東大震災やその他、過去東京で起こった大規模火災のデータを江戸時代にさかのぼって収集、研究したそうです。焼夷弾の主燃料には開発されたばかりのナパーム剤が使われました。屋根を突き破り落下した焼夷弾は、屋内で爆発し発火したナパームを飛散させます。その温度は最高千三百度に達するといわれています。ナパーム剤はゲル状、つまり粘着性の油脂で、これが衣服などにつくとベトベトとまとわりついて、もう払いのけることはできません。たちまち火だるまとなって、あとはもがき苦しみながら焼け死ぬだけです。

アメリカ軍は徹底していました。ユタ州ソルトレイクにあるダグウェイ陸軍実験場に、実物大の木造日本家屋を配置し東京下町の街並みを模したオープンセットを組んで、焼夷弾投下の実験場にしたのです。通称「日本村」と呼ばれるこのレプリカ住居群は、日本に十八年間滞在したことのある建築家アントニン・レーモンドが設計し、路地やポンプ式井戸まで細かく再現され、各家屋には箪笥や布団、本棚や本などが持ち込まれた他、物干には洗濯物までならべられており、あたかも日本人の生活空間がそのまま出現したかのようでした。井戸は実際に水が出るように設計されていたといいます。なぜかといえば、家が隙間なく密集し路地だらけの下町の街並では、消防自動車が入り込むのが困難で、火災の際には井戸を使って水をくみ上げ人力によるバケツリレーで消火にあたるしかなく、焼夷弾が起こす火災がその消火活動でも鎮火しないことを証明するためです。布団や調度、洗濯物を置いたのは、燃え移ったときの火の回りを観察するためでした。かくて建設された日本村は、実験用焼夷弾によって焼きつくされては作り直され、たび重なる実験で詳細なデータが記録されたのです。

この日本村では、コウモリ爆弾の実験も行われています。コウモリ爆弾とは文字通り生きたコウモリを使った爆弾兵器です。コウモリをいっぱいに詰めたカプセルをパラシュートで投下させると、空中でカプセルが開きコウモリが解放されます。コウモリが明け方に人家の屋根裏などに潜む習性を利用し、足に括り付けた小型焼夷弾をタイマーで発火させ、火災を起こさせるという仕組みです。これは上から焼夷弾を落とすのではなく、知らない間に家が燃え出すという意味で、別の心理的な恐怖効果もねらった兵器といえます。実験ではある程度の結果が出たようですが、こちらは投入されることはありませんでした。

それはさておき、アメリカ軍による都市空爆がいかに用意周到な計画のもとに行われたかはおわかりになられたと思います。

ウォルト・ディズニーと東京大空襲

ちょっと余談になりますが、日本の都市空爆計画に関して一人のキーマンの名を挙げておきましょう。かのウォルト・ディズニーです。

ディズニー・プロが製作し、昭和十八年（一九四三）七月に公開された『空軍力の勝利』（Victory through air power）という長編アニメ映画（一部実写）があります。これはその名の通り、二十世紀の戦争における空軍力の優位性をアピールする目的で製作されたものです。当時アメリカでも陸軍や海軍にくらべ第三の兵力である空軍を過小評価する向きがありました。

映画はまず、ライト兄弟の飛行機の発明に始まって、飛行機の軍事への転用――最初は偵察、そして機銃を載せての空中戦、爆撃機の開発までをアニメを使って解説していき、これからの戦争は航空兵力が主流になるべきだという提言がなされます。そして、太平洋上にある島々に作られた日本軍の基地をひとつひとつ叩くよりも、航空爆撃で日本本土を攻撃する方が効果的だ、という結論に達するのです。

そしてクライマックスは、日本の軍事施設や市街地への容赦ない空爆シーンです。雨の夜空を飛び立つ爆撃機の編隊の緊迫感あふれる描写など、悔しいですが、さすが当時世界最高峰のクオリティを誇ったディズニー・プロだと唸ってしまいます。破壊される都市に漢字（?）とおぼめしき看板が見え、目標が東京であることを再認識させられるのでした。これに、鷲が太平洋に触手を伸ばす巨大なタコを空中から襲撃するイメージがかぶさります。イーグルはいうまでもなくアメリカの象徴です。タコ（devilfish）は第二次大戦中、プロパガンダポスターなどで、日本やナチスドイツのメタファーとして、アメリカに好んで使われたモチーフです。非キリスト教的な妖怪といったところでしょうか。

ディズニーはこの映画を、ルーズヴェルト大統領に、日本本土への空爆を進言するために作ったとされ、一足先にこれを観たチャーチルが絶賛し、ルーズヴェルトに鑑賞を強く勧めたといわれています。

ただし、ディズニーが『空軍力の勝利』製作中、すでに焼夷弾実験が秘密裡に行われていたのは事実で、ルーズヴェルトがこの映画に触発され日本への空爆を決心したという話は俗説の域を出そうにもありません。しかし、まったく無縁だったとも言い切れないと思います。少なくとも、これを観たアメリカの観客の多くは、邪悪なジャップを海の水屑にしてしまえと声を挙げ、マスメディアもそう扇動したことでしょう。人の道に反する作戦に踏み切るには、世論の後押しは絶対必要です。その意味でいえば、ディズニーも立派な共犯といえます。

『空軍力の勝利』の爆撃シーン

時代の要請といえばそれまでですが、戦時中ディズニーは戦意高揚のための短編アニメを多数製作してきました。ニュース映画と抱き合わせで上映されるそれらの作品の中で、ミッキーマウスやドナルドダックがチョビ髭のヒトラーや丸眼鏡に出っ歯の日本兵を相手に戦っていたのです。また、反共主義者である彼は、戦後はハリウッドの赤狩りリストの製作に積極的に協力していたことでも知られます。

むろん、彼がすぐれたアーティストでありプロデューサーであって、世界中の子供と大人に夢を与え続けてきた事実は否定できようもありません。また、ひとりのアメリカの愛国者である彼が映画人の立場で、祖国の戦争完遂に協力したことがどこまで責められるべきか、その答えを私はもちません。ただここでは、ウォルト・ディズニーという人物の忘れられた仕事の断片を記しておくにとどめておきます。

百三十回に及んだ東京への空襲

昭和二十年（一九四五）三月十日、墨田川沿岸の下町地区に行われた空襲を、

空襲で焼け野原の東京
（朝日新聞社／時事通信フォト）

その被害の大きさから一般に東京大空襲と呼んでいるわけですが、実はこの東京大空襲を含め、東京市は敗戦まで百三十回の空襲に見舞われています。うち三十五区内への空襲は六十回です。全国に目を向けると、二百都市が空襲の標的になり、当時日本領だった台湾の台北市も大きな被害にあっています。

外地の空襲で特筆すべきは、昭和十九年（一九四四）十二月十七日の漢口大空襲です。中国大陸の漢口は、後述する汪兆銘の南京政府の管轄区で事実上は日本の勢力下にありました。アメリカ軍はＢ29爆撃機による大規模な都市空襲を開始したのです。このときは日本の租界地のほとんどが焼失させられ、巻き添えを食らう形で中国人の居住地も多大な被害を受けています。使われたのは焼夷弾でした。この漢口大空襲の戦果に気をよくしたアメリカは、東京大空襲への焼夷弾導入に踏み切ったといわれています。

日本本土への初空襲は昭和十七年（一九四二）四月二十八日に行われています。海上の空母からＢ25爆撃機十三機が東京に飛来、品川の工場地帯や荒川区、王子区などの住宅街を奇襲的に爆撃し、幼児を含む四十一名の死者を出して去っていきました。もっとも、この空襲は例外的なもののようで以後二年半の間、東京市内への空襲はありませんでした。その間、先にも触れたとおり、焼夷弾実験が繰り返されていたのです。

Ｂ29爆撃機による本格的な東京空襲は昭和十九年（一九四四）十一月二十四日に始まります。これに先立つ七月には、すでにサイパン島がアメリカ軍の手に陥落していました。Ｂ29はそのサイパン島から飛び立ってきたのです。

当初、東京への空襲は、軍事施設や軍需工場を主な標的としており、悪天候等で目標が補足できない場合に限り、行き掛けの駄賃的に市街地を爆撃するというものでした（それもひどい話ですが）。つまり、あくまで軍需工場などの施設が主で市街地への爆撃はおまけだったのです。それが、だんだんと工場地帯を素通りして銀座や有楽町などの繁華街を狙うようになりました。地図的に見ますと、品川付近の工場地帯を破壊したあと、少しずつ中心部へと向かい、運命の三月十日を迎えるころには、帝都で焼け残っているのは下町一帯だけという状況でした。

アメリカ軍からすれば、まず周囲を焼き払い、焼け出された人が下町地区に一時逃避するのを黙認し、東京の人口を下町に集中させ、一気に焼き払ってしまおうという腹があったのでしょう。また、このころになると市民の方もある意味で〝空襲慣れ〟していたのも確かでした。空襲警報、防空壕、そして警報解除というパターンが日常化してしまっていたのです。慣れは気のゆるみを生みます。アメリカ軍がそこまで計算していたふしも大いにありました。というのも、広島の原爆投下の際にも、いったん広島市内上空を編隊で旋回しながら爆撃せず、人々が安心して防空壕から出てきたころあいを見計らって、原子爆弾を落としているからです。

業火に呑み込まれた帝都

都市空爆の総仕上げともいえる大空襲の日に三月十日が選ばれたのも決して偶然ではありません。アメリカ軍は東京地方の過去の気象データをつぶさに調べ、この日、春一番的な大風が吹く予報を立てていました。大風が炎を煽り、焼夷弾空襲の威力を最大限に引き上げることを念頭においたのです。

そして、空襲は夜間に行われました。なぜ夜間かといえば、人々が確実に家にいるということもむろんその理由ですが、焼夷弾の効果を上げるために低高度からの投下が必要とされており、昼間だと日本側の戦闘機に迎撃されるおそれもあるという判断によるところも大きかったようです。また、焼夷弾（による火災）の効果を目視するには、夜の暗闇はもってこいでした。つまり、すべてが計算にもとづいた大量殺戮（さつりく）作戦だったのです。

夜〇時過ぎ、百三十機のＢ29が東京に飛来。深川区（現・江東区）北部、本

東京大空襲から８日後、玉歩を被害地に進めさせ給う昭和天皇
深川富岡八幡宮境内にて謹写
（毎日新聞社／時事通信フォト）

所区（現・墨田区）、浅草区（現・台東区）、日本橋区（現・中央区）を中心に絨毯（じゅうたん）爆撃を開始。その後は芝区、麻布区（共に現・港区）、渋谷区まで目標を広げ、被害は三十五区ほぼ全域に及びました。一晩で落とされた焼夷弾は、千六百六十五トン。死者は十万人、被災者は百万人といわれています。

帝都は紅蓮（ぐれん）の炎で包まれ、そこに繰り広げられていたのはまさしく阿鼻叫喚の地獄図でした。家とともに焼かれた人、崩れる家屋の下敷きになった人、逃げ惑ううちに体に火がつき転げまわりながら死んでいった人、あるいは熱風にあぶられ蒸し焼きになった人や酸欠で死んだ人も少なくありませんでした。高温上昇した空気が起こす火災熱風という一種の竜巻現象のために人が宙に舞ったという報告も残っています。その衝撃のすさまじさは、頭上のＢ29が乱気流に見舞われるほどでした。

性別もわからないほどに焼けただれながらも赤ん坊をかばうように死んでいたため、かろうじて女性と判別した死体もあります。ピンと立ったままの黒焦げの死体は、強い火力で焼かれ筋肉が一瞬で収縮した結果です。

墨田川などの河川には、水をもとめて飛び込んだ人の死体があふれかえっていました。やはり、両岸の火に蒸し焼きにされた人、溺れ死んだ人、三月とはいえ夜の川の水はまだ冷たいですからショック死した人も少なくなかったそうです。東京を焼き尽くす炎の明かりは遠く千葉、茨城からも見えたといいます。

カーチス・ルメイという男

単に空襲・空爆という言葉では、本質をつかみにくいかもしれません。やはりこれは、東京大虐殺と呼ぶのがふさわしいのではないか。そして、何度もいいますが、これはアメリカ軍の行った戦争犯罪行為そのものなのです。

東京大空襲を指揮した空軍大佐のカーチス・ルメイはのちに「当時、日本人を殺すことに何のためらいもなかった。私の最大の関心事は戦争をいかに終わらせることだった」と語っています。この言葉に純粋に怒りを覚える日本人も多いことでしょう。しかし、これは当時の西欧人の多くが大なり小なり意識の中にもっている本音の部分でもあるのです。キリスト教徒の白人にとって、異教徒の有色人種はしょせん動物と同じであり、これを殺すことにさしたる躊躇はいらなかったのです。

カーチス・ルメイ

大航海時代、スペイン人が布教の名のもとに南米各地のインディオに対して行ったことを知れば容易にそれは理解できます。

彼らがインディオの族長に突き付けたのは「改宗さもなくば、死」という過酷な要求でした。キリスト教の母体であるユダヤ教からしてまさしくこれで、「出エジプト記」以降のユダヤの歴史は異教徒の虐殺で血塗られています。モーセの「殺すな、犯すな」は同じユダヤ人の間のルールであって、異教徒には適用されません。神がそう教えているのです。嘘だと思うなら、旧約聖書の「民数記」を読んでみてください。神はモーセの口を借りてイスラエルの民にこう言っています。「ミデアンに行って、男と、男と寝て男を知った女をことごとく殺せ。まだ男を知らぬ女はあなたたちの戦利品として好きにするがよい」。なんと神が大量虐殺と戦時性暴力（レイプ）を命じているのです。平成十二年（二〇〇〇）、いくつかのキリスト教団体の後援で「国際女性戦犯法廷」なる模擬裁判が開かれ、慰安婦を戦時性暴力と規定、昭和天皇に強姦罪の「判決」を下すという暴挙が、良識ある人々の怒りを買いましたが、彼らは日本の天皇を裁く以前に、自分たちの神を裁くべきではないでしょうか。

さて、カーチス・ルメイはこのような言葉も残しています。

「もし戦争に敗れていたら私は戦争犯罪人として裁かれていただろう。幸運なことにわれわれは勝者になった」

ルメイもまた、自分たちの所業が戦争犯罪行為であることは認識はしていたようです。それに、勝者は決して裁かれないということも。

「平和」と「追悼」

世界有数の都市として発展した二十一世紀の東京に、八十年前の大空襲の面影を探しだすことはむずかしいかもしれません。当時、被災者であふれていたという上野駅の地下道も近年きれいにリフォームされてしまいました。かろうじて、原宿表参道の石灯籠に空襲の傷痕を見ることができます。台座の一部の欠損とところどころに残る黒ずみは、五月二十五日に行われた山の手大空襲によるものです。この山の手大空襲でもおよそ三千六百人の死者を出し、東京のシャン・ゼリゼとも表現されるあの美しい参道には身元不明の黒焦げ死体が山積みになっていたといいます。

戦争体験者が年々少なくなっていく中で、東京大空襲の記憶をとどめ未来に伝えようという声も強くなっていきました。先にも紹介した海老名香葉子さんは平成十七年（二〇〇五）、私財と寄付を投じて上野寛永寺境内に慰霊碑「哀しみの東京大空襲」、上野公園内に「時忘れじの塔」というモニュメントを建立しています。また東京台東区の隅田公園には昭和六十一年（一九八六）建立の「東京大空襲戦災犠牲者追悼碑」があります。同公園は、東京大空襲の犠牲者を仮埋葬した場所でもありました。お隣の墨田区の横網公園には平成十三年（二〇〇一）、「東京空襲犠牲者を追悼し平和を祈念する碑」が建てられました。

しかし、いずれも碑やモニュメントであり、大空襲を伝える当時の資料を中心に展示する常設の公営施設はいまだ建っていません。実は、計画そのものは古くからあったのです。

昭和五十四年（一九七九）、永六輔、林家正蔵（初代林家彦六）、吉行淳之介、早乙女勝元ら十二人の文化人芸能人が「『空襲・戦災記念館』（仮名）を東京に設置することでの公開要請書」を東京都知事候補に提出しています。平成二年（一九九〇）に東京都が、三月十日を「東京都平和の日」と定める条例を制定しました。これが後押しとなって、平成四年（一九九二）、鈴木俊一東京都知事（当時）は、永井道雄元文部大臣を座長とする「東京都平和記念館基本構想懇談会」を組織します。翌年、祈念館の基本的性格が提示されました。以下のとおりです。

①東京大空襲の犠牲者を悼み都民の戦争体験を継承すること。
②平和を学び、考えること。
③21世紀にむけた東京の平和のシンボルにすること。
④平和に関する情報センターとすること。（「東京に平和祈念館（仮称）を」第35号）

①を除いて、すべてに「平和」という言葉が出てきて、ややくどい印象も受けるのは正直なところです。もちろん、戦争を語るとき反語的に「平和」という言葉が使われることは常ですし、世の中が平和であって困る人などいるわけもありません。ただ、平和、愛、平等……これらは誰も否定しようもない言葉だけに、逆にいえば非常に抽象的で、つかみどころのない言葉であり、それゆえに、特定の思想をもった人たちによって政治利用されやすい言葉でもあります。

たとえば、現行の日本国憲法を「平和憲法」と呼ぶ人がいます。むろん、そのような呼称の憲法は存在せず、ある種の思想的バイアスのかかった造語でしかありません。それでもなんとなく「平和」という言葉がつくと尊いもののように思わせてしまうのです。これとは反対の作用をもつタームが「戦争」です。有事関連法制を「戦争法」と呼んだりします。これも「戦争」を頭につけることによって、まるで戦争準備のための怖い法律であるかのような錯覚をもたらすのです。

「戦争と平和」というと非情に抽象的ですが、「戦時と平時」というと、ぐっと具体的でリアリティのある言葉に聞こえます。戦後七十余年、日本はどうにか「戦時」（有事）をまぬがれ、「平時」を保ってきました。この「平時」がいつまでも続くように願い、努力することが大事です。しかし、どうも戦後の平和主義の信奉者には、こういったリアリティを嫌う傾向があるように思えてなりません。

戦争での悲劇を語り継ぐための施設であり、施設の名に「平和」がつく以上、あえて執拗に「平和」を謳わずとも、①だけの性格づけで充分な気がするのは私だけでしょうか。

事実、この「平和祈念館」建設という崇高なプロジェクトも、「平和」を騙る人たちに侵食され、「東京大空襲の犠牲者を悼む」という本来の目的が片隅に押しやられていったのです。

「一般都民」を名乗る活動家

平成八年（一九九六）、鈴木都知事の後を受けた青島幸男都知事（当時）の肝いりで私的諮問機関「平和祈念館（仮称）建設委員会」が組織されます。この委員には一般都民による公募委員も参加することになりましたが、実は問題はここから顕在化するのです。

産経新聞の調べによれば募委員の中に、糀谷陽子（こうじや）氏や山本英典氏、菅谷八重子氏の名前が見えます。糀谷氏は、元中学教師で、共産党系の全日本教職員組合（全教）の主力組合である東京都教職員組（都教組）の教文部長だった人物。山本氏は被爆者団体の代表の肩書を持ちますが、ベトナム戦争を「北ベトナムによる南の解放戦争」と位置づける発言から見て社会主義国に強いシンパシーをもつ人物であるのは確かでしょう。菅谷氏は社民党の女性会議の支部長をかって務め、世田谷同区議選に出馬歴（落選）のある、やはり活動家でした。果たしてこれらの人を「一般都民」と呼んでいいものか、疑問を禁じ得ないところです。やはりというか、彼らの意見は、展示案作成に大きな影響力をもっていたといわれています。

ご承知のとおり、青島知事は作家で元タレント、政治家としてのスタンスは一貫して革新でした。今では革新という言葉も死語になりつつありますが、要するに左派、リベラルです。左派の首長の下、自治体のイベントや施設の企画運営に活動家が入り込むというパターンは、おそらくこのころから本格化したものと思われます。

くわしくは、土屋たかゆき氏が別項で書かれると思うので、ここでは軽く触れるにとどめますが、当時、都議会議員だった土屋氏はこの時点で、都が進める「平和祈念館」計画の異様な内容を知り驚愕したといいます。そして、どのようなことがあってもこの計画を阻止しなければと決心し奮闘してきました。実際、土屋氏がいなければ、祈念館は既にオープンし、政治的な意図による偏向した歴史観のもと、ここを訪れるであろう、それこそ戦争を知らない若い世代に自虐史洗脳を施す機関として機能していたことでしょう。

むろん、東京大空襲の悲劇を後世に語り継ぐための施設を否定するつもりはありません。追悼施設の建設は被害者と遺族の悲願であり、祈念館建設計画に際して多くの遺族からは五千点に及ぶ資料（当時の日記、遺品、焼け跡の残る物品など）やビデオ証言が寄せられています。しかし、一部の政治的な思惑をもった勢力によって、遺族の純粋な思いは利用され捻じ曲げられようとしているのです。五千点の資料は、今も倉庫の中に眠ったままになっています。

東京は軍事都市か？

土屋都議はまず、都の文化施設担当部長から入手した展示計画書に「軍事都市東京」という聞きなれない言葉を見つけて最初の疑念を覚えます。さらに説明書きを読むと「当時の東京にあった軍事中枢や軍需工場、研究機関などを通じ、攻撃目標になった東京の役割を紹介する」とあり唖然となったそうです。

この論理を素直に受け止めると、東京は軍施設や軍需工場を抱えており、アメリカ軍の攻撃目標はあくまでそれら軍事関係施設であって、市民十万人は、運悪くその巻き添えで亡くなっただけだととれます。あるいは、軍関連施設を抱える東京は空襲を受けても仕方がなかったと容易に結論づけられるものです。とどのつまりは、東京大空襲における民間人虐殺の責任は当時の大日本帝国にあるといいたいのでしょう。東京大空襲訴訟の原告団と同じ論理です。加害者である日本が被害者ヅラするのは許さないという、『火垂るの墓』を極右映画と決めつけた一部韓国人の思考にもつながります。

東京大空襲はアメリカ軍による立派な戦争犯罪行為であり、実態は大虐殺そのものです。暴力団同士の抗争でたまたま流れ弾が民間人に当たったたという類のものでもありません。用意周到に計画が練られ、何度もリハーサルを重ね、女性や子供を含む民間人ばかりを狙って焼夷弾を落とし無惨に焼き殺したのです。

なるほど、空襲の当初は主に京浜地区などの軍需工場をピンポイントに狙ったものでした。しかし、それを住宅密集地への無差別絨毯爆撃に作戦変更したのは前出のカーチス・ルメイでした。そもそも、軍需工場だけを狙うなら通常爆弾で充分なはずで、わざわざナパーム焼夷弾を使用する必要もないのです。確かに下町には町工場が点在します。そこで作られたネジやナットが戦闘機や戦車の組み立てに使われることはあったかもしれませんが、だからといってそれら零細工場を軍需工場と呼ぶにはあまりにも強引です。いや、たとえ軍需工場であっても、そこに働いているのは軍人ではなく、一般の工員、女工さん、あるいは勤労動員の学生たちです。その頭上に爆弾を落とすのは、やはり人道的に問題が残る行為だと思います。

実は、平成五年（一九九三）の平和祈念館基本懇談会の段階で「展示には日本の戦争加害についても多く触れるべき」という申し合わせがあったといいます。つまり、先の大戦では、日本は中国をはじめアジア諸国に対し多くの加害行為を働いたのであるから、日本の空襲被害だけでなく、それら加害事例も抱き合わせで展示しろということのようです。「東京大空襲＝日本の責任」という倒錯した見解もここから導きだされたものでした。

明白極まるアメリカの戦争犯罪行為まで日本が責任を負わなくてはいけない、その原因は日本にある、という発想こそがまさに自虐史観そのものなのです。東京裁判史観といってもいいでしょう。

簡単にいえば、日本が中国大陸を侵略し、その懲罰として米英中蘭から石油や鋼鉄の禁輸制裁を受け、これで窮地に陥った日本は身の程知らずにもアメリカに戦争を仕掛けた結果、原爆二発で敗戦に追い込まれたというものです。戦後、日本の左翼思想の潮流は一貫して反米ですが、なぜかこの東京裁判史観と、やはりアメリカ人が作った日本国憲法に関しては、彼らは信仰にも近い親しみを感じているようです。

十五年戦争論

左派の歴史家は「十五年戦争」という言葉を好んで使います。昭和六年（一九三一）を起点に昭和十二年（一九三七）の支那事変を経て昭和二十年（一九四五）の敗戦までの十五年をひとくくりにして、日本の起こした侵略戦争と解釈するのです。となれば、東京大空襲や原爆も「侵略戦争」の懲罰ということで、アメリカが敗戦後の日本に押し付けた歴史観とぴたりとつじつまが合うわけです。

果たして「侵略」だったかどうかは置いておいて、各戦争を点ではなく線としてとらえる視点それ自体は間違いではありません。だからこそ、日本がなぜ大陸に進出せざるを得なかったか、是非を超えた検証もできるというものです。しかし、往々にして左派の人たちは、「日本の加害」を導き出すためだけに、「十五年戦争」というロジックを必要としているように思えます。

東京大空襲の悲劇を語るとき、左派論客が決まって持ち出すのは日本海軍が昭和十三年（一九三八）十二月から昭和十六年（一九四一）九月にかけて行った重慶爆撃です（「コラム 重慶爆撃」参照）。要するに、市街地への空襲は日本軍が先に行ったのであり、その加害を忘れて東京大空襲の被害ばかりを強調するのはおかしい、いや、むしろ重慶爆撃がなければ、日本本土への都市空爆もなかったはずだ、という論理につなげたいのでしょう。一種の東京大空襲＝懲罰論です。左派論客は、先の戦争においては何がなんでも日本が悪いということにしたい、日本＝悪が彼らの心のよりどころのようです。

重慶爆撃に関しては、あの東京裁判でも取り上げられていないという事実をみれば、連合国側もこれを計画的な民間人虐殺といいたてるには無理があると認識していたのでしょう。重慶爆撃と対で語られるべきは東京大空襲ではなく、アメリカ軍による漢口大空襲であると思います。この空爆を指揮したのもカーチス・ルメイでした。

忘れられた汪兆銘

蔣介石が放棄した南京に打ち立てられたのが、親日派として知られる汪兆銘の南京政府です。いわゆる南京大虐殺なるものが本当に行われていたとしたら、その同じ都市に親日政権が樹立するというのも不可解なことだと思いませんか。

支那事変について現在の教科書などでは「日中戦争」と表記されていますが、これは現実とかけ離れた呼称であるといわざるを得ません。日中戦争というからには、日本という国と中国という国の間で行われた戦争という意味になりますが、ではここでいう中国とはどの国をさすのでしょうか。

中華人民共和国の建国は昭和二十四年（一九四九）で、毛沢東はこの戦争時、満洲の山奥でゲリラ活動を目論む、いわば山賊の親分に過ぎなかったのです。存在しない国と戦争はできません。では、中華民国との戦争でしょうか。となれば、中華民国＝国民党の副総統である汪兆銘をトップとする南京政府を日本が後押しするのも変な話です。日本は、南京政府樹立に際し、戦車や飛行機を寄贈し合同軍事訓練も行っています（当時のニュース映画をYouTubeで観ることができます）。どこの世界に、戦争している相手国に武器を寄贈する国があるでしょうか。しかも、南京政府は英米に宣戦布告までしています。

事実をいえば、当時中国大陸は、多くの軍閥がひしめき合い覇を争うカオスの状態にあったのです。その内戦に、合法的に中国大陸に駐留していた日本軍が巻き込まれたというのが、あの事変の正しい見方だと思います。

北京や上海といった大都市は別として、地方の農民にはまだ中国人という民族意識も希薄で、彼らにとって国民党軍であろうが共産党軍であろうが日本軍であろうが、一律に「軍隊」であることに変わりなく、争いを平定し秩序をもたらしてくれる軍隊が「よい軍隊」なだけです。国民党軍の行くところ略奪と強姦ばかりで、彼らは良民から心底恐れられ嫌われていましたし、共産党軍は山賊に毛の生えたものに過ぎませんでした。規律正しく、秩序を重んじる日本の兵隊さんは大陸の各地でむしろ歓迎されていたのです。

たしかに日本人は、彼らにとって異民族かもしれませんが、中国の歴代王朝をみれば、唐も元も清も異民族による征服王朝でした。異民族に統治されることにさしたる抵抗はなかったと思います。そもそも、中国は数十の言語が存在する他民族国家なのです。

そんなカオスの渦に巻き込まれた日本は、交渉相手に反蔣介石派の筆頭である汪兆銘を選び、これをバックアップしました。汪兆銘の南京政府を日本の傀儡政府という人も多いわけですが、日本との和平を求めて作られた政府であるのは確かなことです。

左派の自称平和主義者はことあるごとに、あらゆる紛争は武力でなく話し合いで解決するべきであり、そのためにはいかなる妥協も良しとすべきだと主張します。汪兆銘こそは、支那事変を「話し合い」で解決すべく全身全霊を傾けて奔走した人物のはずなのに、左派論客の口からこの人の名が出ることはまずないのが不思議でなりません。いや、左派だけでなく、右派からも今ではすっかり忘れられた存在になっているは残念なことです。

汪兆銘は昭和十九年（一九四四）十一月、入院中の名古屋の病院で客死し、彼の願いもむなしく、中国はカオスから抜け出ることはできませんでした。蔣介石は日本の敗戦後、仇敵である汪兆銘を漢奸（売国奴）に指定し、彼の土下座する像を建て、その前を通る者に、足蹴にさせたり唾を吐きかけたりすることを命じました。

紛争を「話し合い」で解決しようとしたリーダーが足蹴にされ唾を吐きかけられる、そんな文化のある国が存在するということを、日本の自称平和主義者は知っておく必要があるのではないでしょうか。

日本共産党の虚妄

左派の中には、十五年戦争論どころか、日清日露戦争の時代までさかのぼり、近代日本の歴史そのものを帝国主義とアジア侵略の歴史と解釈するむきもあります。日本共産党の志位和夫委員長なども「暴力と強圧をもって韓国の植民地化をすすめた日露戦争」とこれを両断しています。果たして、先人のつくった歴史がそんな単純なものでしょうか。

日清戦争の講和の第一条件として日本が清国に認めさせたのは、朝鮮の独立です。つまり、日本の青年のおびただしい血と引き換えに朝鮮は独立国としての体面を得たのでした。あとは朝鮮が自立の意思を示してくれればそれでよく、日本はサポートを惜しまないという立場で一貫していました。しかるに朝鮮は、あろうことかロシアと日本を天秤にかけ、ロシアにつくのが得とばかりに、ロシアに接近してしまったのです。これによって、日本はロシアとも戦わざるを得なくなってしまいました。

ロシア帝国は当時、荒熊に譬(たと)えられていました。日本がまともに戦って勝てる相手だとは世界中誰も思っていませんでしたし、できるなら戦いたくはありませんでした。朝鮮を植民地にしたいがための戦争などというのは、歴史を知らぬ者のたわごとです。

日本軍は途方もない強大な敵ロシアと戦うにあって、明石元二郎を使い内部攪乱の目的で亡命中のレーニンと通じ、これを援助したという話は有名です。つまり、日露戦争なかりせば、ロシア革命も成功していなかったはずで、当然ながら日本共産党も存在せず、志位委員長の現在の地位もなかったことになります。そのことを志位委員長はどう思うのでしょうか。歴史を巨視的に見るとはそういうことなのです。先に申しましたとおり、歴史は高次方程式なのです。日本共産党も共産党を名乗っている以上、革命を目指す政党に他なりません。事実、日共は非合法時代の戦前も、合法政党となった戦後の一時期も、いくつものテロや騒乱事件を起こしてきました。現在も日本共産党は公安調査庁の調査対象団体です。日本共産党は、自衛隊を違憲として、段階的解消を訴えています。いかなる形でも日本が武力をもつことを許さないというのが彼らのスタンスのようです。自衛隊の創立は昭和二十九年（一九五四）ですが、実はそれ以前、「自衛隊」の名を冠した軍事組織が日本に存在していたことを読者はご存じでしょうか。昭和二十六年（一九五一）に組織された中核自衛隊がそれです。なんと、この中核自衛隊は日本共産党が都市ゲリラ戦用に作った武装集団でした。これでわかる通り、日本共産党が平和を愛する政党などというのは美しい誤解といわざるを得ません。

戦争も革命も大量殺人行為です。戦争の人殺しは悪だが、革命の人殺しは善などという論理は通用しません。戦争は戦時に敵兵を殺しますが、革命は平時に自国民を殺します。戦争反対を叫ぶのなら、同時に革命反対も訴えるべきです。

テロリストを顕彰？

平和祈念館の基本計画書には「コラム展示」という項目で、「当時の抗日運動や今日のアジア各国の教科書などを紹介し、アジアの人々に犠牲を強いた面を取り上げる」という記述があります。もはや、こうなると東京大空襲も追悼も完全にどこかに追いやられ、特定の歴史観と思想を押し付けるだけの洗脳施設でしかありません。善意で五千点もの資料を提供し、貴重な証言を後世に残そうとカメラの前に立った空襲体験者や遺族は何と思うでしょう。しかも、その施設の運営には血税が使われるのです。

たしかに、当時中国でも日本に併合されていた朝鮮でも、〝抗日運動〟はありました。しかし、それは民族の独立を願う運動体というよりも、実態は単なるテロリストの集団でした。

ひとつふたつ例を挙げてみれば、大正八年（一九一九）九月、自称独立運動家の姜宇奎（カン・ウギュ）なる男が、新しく赴任してきた斎藤実総督を南大門駅（現・ソウル駅）で待ち伏せして爆弾を投擲し、三十七人の死傷者を出す惨事を引き起こしています。幸い斎藤総督は無事でした。いうまでもなく、被害者のほとんどが犯人の姜と同じ朝鮮人です。大正九年（一九二〇）八月には平壌市内の警察施設で爆弾テロが起き、日本人巡査二人が死亡しています。犯人は女性テロリストの安敬信（アン・ギョンシン）で、なんと安はこのとき妊娠七か月の身重だったそうです。昭和七年（一九三二）には、皇居桜田門で昭和天皇の乗った馬車の列に爆弾が投げ込まれ近衛兵一名が負傷する李奉昌（イ・ボンチャン）の事件（一月）、上海虹口公園で行われた天長節式典で爆弾が爆裂、白川義則陸軍大将と医師・河端貞次両名の命を奪い、重光葵公使の片足を吹き飛ばした尹奉吉（ユン・ボンギル）の事件（四月）が立て続けに起こっています。ちなみに、尹奉吉を犯行現場まで自動車で運んだのはジョージ・フィッチというアメリカ人宣教師でした。彼は後年、「南京大虐殺」なるものをデッチ上げ日本軍に不当な罪過を被せた一人でもあります。

蔣介石は尹奉吉の事件に触れ、「中国百万の大軍でもやれなかったことを一人の朝鮮人青年が成しとげた」と絶賛したという話は有名です。昭和六年（一九三一）の満洲事変以来、一触即発の情況が続いた日支関係を脱しようと対日協調を模索していた蔣介石でしたが、尹のテロ事件に気をよくし、一変、対日強硬へ舵を切りました。蔣介石、朝鮮独立過激派、それにアメリカの思惑がここに一致したのです。

李や尹らのテロリストを送り込んだのが、上海に拠点を置く大韓民国臨時政府です。臨時政府といってもどこの国家の承認も受けていない名ばかりのもので、やっていることはテロ以外に、独立運動資金の寄付を募ると称して半島内外の朝鮮人資産家を強請ったり、銀行や役所を襲って金を強奪したりといった反社会的なものばかりで、むしろ当時の朝鮮良民には忌み嫌われていたのです。蔣介石はこの臨時政府に資金援助を惜しみませんでした。

他に金元鳳（キム・ウォンボン）率いる黒色テロ組織・義烈団（ウィヨルダン）も暗躍していました。義烈団は日本の無政府主義者グループともつながっており、その背後にはソ連共産党がいたともいわれています。

そういったテロ組織、目的のためには罪のない人たちの命を巻き添えにしてもいとわぬ殺人鬼の類を顕彰、礼賛する不浄の施設など、東京、いや日本の国内のどこにもつくらせてはならないのです。

「平和」を疑え

平成十一年（一九九九）、リベラルの青島幸男都知事が再出馬を断念。それに合わせるように、同年三月の第一回定例都議会において、「平和祈念館（仮称）については、次の事項に配慮すること」という付帯決議がなされました。

（1）平和祈念館の建設に当たっては、都の厳しい財政状況と従来の経緯を十分踏まえ、展示内容のうち、いまだ議論の不十分な事実については、今後さらに検討を加え、都議会の合意を得た上で実施すること。

（2）東京空襲犠牲者追悼碑の早期建立に取り組むこと。
（3）東京空襲犠牲者名簿の収集、作成を平成十一年度の早期に開始すること。
このうち、（2）に関しては先に記した墨田区横網公園内の「東京空襲犠牲者を追悼し平和を祈念する碑」として結実し、（3）は着手しています。

ここで重要なのは（1）です。「いまだ議論の不十分な事実については、今後さらに検討を加え、都議会の合意を得た上で実施すること」。つまり、展示内容に関しては偏向がないかよく検討しろというものでした。土屋都議ら有志の地道な働きかけが身を結び、自虐史観に基づいたプロパガンダ施設の建設をここで一応は阻止することができたのです。

同年四月には、保守系政治家の大物・石原慎太郎氏が都知事選を制します。石原氏はつごう四期、平成二十四年（二〇一二）十月に辞任するまで、十三年半の長きにわたって知事を務めました。石原氏のあとを継いで誕生した猪瀬直樹都知事、舛添要一都知事、そして令和三年（二〇二一）現在の小池百合子都知事にいたるまで、祈念館建設は事実上ペンディングの状態が続いています。

しかし、その間も左翼勢力は決して諦めませんでした。平成十二年（二〇〇〇）

に「『東京都平和祈念館（仮称）』建設をすすめる会」なる会を設立し、彼らの意に沿った祈念館設立に向けて関係各署に向けての組織的な投書運動（はがき、FAX、Eメール）を開始しているのです。この運動には東京都教職員組合や東京労連などが参加しています。

小池都政において現状、祈念館構想は棚上げのままです。令和六年（二〇二四）の都知事選の結果によっては、再び左派の都知事が誕生するかもしれません。となれば、偏向祈念館建設に向けてはずみをつけることは間違いないでしょう。

それでなくても、平成が終わって以来、何かが待ち受けていたかのようにおかしなことが続いています。令和二年（二〇二〇）の文科省の教科書検定では、「新しい教科書をつくる会」が編集する自由社刊の中学歴史教科書が異例の一発不合格になったり、また他社の教科書では「従軍慰安婦」の表現が復活したりと、明らかに保守勢力の退歩、左派勢力の巻き返しが見てとれるのです。

そもそも「従軍慰安婦」なる言葉は戦中には存在せず、昭和四十八年（一九七三）、作家の千田夏光（かこう）氏が同名の小説で使った造語です。「従軍」がつく場合、それは軍属を表します。軍属なら軍の階級があるはずです。たとえば従軍看護婦の場合、婦長クラスでは軍曹という場合も珍しくありませんでした。もし、「私は日本軍の従軍慰安婦だった」というお婆さんがいたら、最終の階級と除隊地を尋ねてみればいいでしょう。卑しくも軍属なら死んでも忘れないはずです。

さて、千田夏光氏ですが、「『東京都平和祈念館（仮称）』建設をともに考える会」の代表世話人に名を連ねています。これでもわかるとおり、すべてはどこかでつながっているのです。

くり返しになりますが、東京大空襲の記録（記憶）を伝える施設は絶対必要だと思っています。あくまで個人的意見をいわせてもらうならば、その施設の名称に「平和」の二文字も不要で、単に「東京大空襲記憶館」、あるいは「東京大空襲追悼資料館」で充分だと思うのです。

「平和」という言葉には人を思考停止にする強制力のようなものがあります。ゆえに特定の勢力に利用されてきました。「平和」のつく施設、団体、運動に少しでも疑問を呈する人間は、右翼、ネトウヨ、軍国主義者、歴史修正主義者とレッテル貼りされ排斥されてきたのです。もう、そういうことは終わりにしないといけません。

「平和」の二文字を疑え。これが私の提言です。

コラム 重慶爆撃

重慶爆撃とはどういうものだったのでしょうか。昭和十二年（一九三七）十二月の南京陥落を待つことなく、蔣介石軍は彼らが首都とする南京を放棄し、漢口に逃げのびます。その漢口も追われ、重慶に首都を移すのです。蔣は重慶の市街地に対日本軍用の高射砲を設置しました。これは、ネジやナットを作るだけの「軍需工場」とはわけが違い、軍事施設化であるのは明白で、日本軍もこれを目標とせざるを得なかったのです。最初から一般市民の大量殺戮（さつりく）を狙って計画された東京大空襲とはまったく性質を異にするものといわざるを得ません。

しかも日本側は、爆撃地区に関しては事前通告をして退避の余裕を与えています。二万余ともいわれる被害者の多くは、誤爆によるものを除けば、防空壕に押し寄せた際の圧死や壕内での定員オーバーによる酸欠での窒息死でした。重慶臨時政府が住民の退避の勧告とルートの確保を徹底していたらと思うと返す返すも残念なことです。

重慶爆撃後、同市に入りその状況をつぶさに取材したアメリカ人商社マンでジャーナリストのカール・クロウは著書『China Takes Her Place』の中で「重慶は多くの爆撃を受けたが、人命が失われたことは驚くほど少なかった」と書いています。

クロウは蔣介石夫妻とも懇意の間柄で、アメリカの対日参戦の口実を作ったという偽書「田中上奏文」を広くアメリカの大衆に紹介した人物でもあります。「田中上奏文」とは、時の首相・田中義一が昭和天皇に「日本の世界征服の目的のためには、まず満蒙の征服が必至」と上奏したというものです。今読めば、噴飯モノの内容でしかありませんが、当時のアメリカではこれを本物と信じる人も多く、「日本版の『我が闘争』」という評判が立ったほどでした。

つまり、クロウの立場からすれば、日本の加害を誇張し本国に報告しこそすれ、その逆はありえません。そのクロウからして、「重慶爆撃の人命被害は驚くほど少なかった」と書いていることは重要です。おそらく、二万人という被害者数もかなり水増しされたものではないかと思います。

第四章

市民と議会で勝ちとった東京大空襲容認史観の「東京都平和祈念館」建設阻止！

土屋たかゆき

誰も知らない「東京都平和祈念館」展示計画

東京都が建築を計画していた**「東京都平和祈念館」の建築計画の内容は、私が追及するまで議会に明らかにされていませんでした。**

知事の私的諮問機関である建設委員会で議論がされていたのです。「私的」とは言うものの、通常その答申は「尊重される」ことになっています。したがって、本来、その議論の過程は議会に報告されてしかるべきです。

その**建設委員会**は平成八年（一九九六）五月から開催されていました。その**報告がない**のです。

私が「平和祈念館」の建設に気が付き、議会で質問した時、その準備段階で資料を持って来た文化施設担当部長はＡ４一枚の説明書を示して、「まあ、年内決定でしょうね」と言いました。「先生がいくら反対してもできてしまいます」とも言っていました。

たしかに建設委員会には議会の代表も出ていますが、所詮審議会。審議会は「意見を聞く」形にはなっていますが、議員はめったに発言しません。事前に資料を読むことすらしないのが実態です。後でその委員会構成が極めて意図的だったことを紹介しますが、**行政と特定の政治勢力が「密室行政」の中で審議会をリードしていました。**

特定の方向にリードしようとしていたのですから「**委員会には議会の代表も入っていますから」議会への直接的な報告がなくても十分だという屁理屈が成立します。**

「東京都平和祈念館」は、「東京の反戦・平和の証し」「重要政策だ」と言うのなら、**文教委員会での事務事業説明の時に重要政策として説明すべき**です。それをあえてしなかった。つまり建設推進派、**行政は「なるべく議論にならないようにしよう」**と建設委員会という小さな器だけに封印しようとしていたのです。

軍事都市東京

ところが、提出された**説明書に驚くべきことが書いてあります。〝軍事都市**

東京〟です。

注釈を読んでみると「当時の東京にあった軍事中枢や軍需工場、研究機関などを通じ、攻撃目標となった研究機関などを通じ、攻撃目標となった東京の役割を紹介する」と書いてあります。これでは、**軍事都市だから空襲にあっても仕方がなかったということになります**。東京の下町にも小さな工場がたくさんあります。今でもそうですが、下請け、孫請けで様々な部品を作っています。住宅も併設されていて、それだけ見ると下町全体が「軍事都市」と言えなくはないということになります。

「**この論理はおかしくはないか**」と聞いても部長は黙ったままです。

「少なくとも建設委員会で議論してきた過程で、軍事都市というワードが出て来ているのだから担当部長としてどう考えるのかね」と言っても「**建設委員会で審議をいただいています**」**と見当違いの返事が返って来ます**。

「審議をいただいた結果」が〝軍事都市〟ですから、担当部長としては私の疑問に答える義務があります。ところが答えられないのです。

「では、『**抗日運動やアジアの人々に犠牲を強いた面**』**とは具体的に何なのか**」

と聞いてみても、「テーマは決まっていますが、しかし、抗日運動や犠牲を強いた面とは**何を指すのかは知りません**」と、これだけ重要な展示テーマの内容を「知らない」と言います。

大体、これだけ壮大な計画について、**議員が「資料請求」をして、A4一枚の紙とはいかにもおかしいので、**「計画書はこれ一枚ですか」と念のため尋ねました。

ここまで聞いて、**やっと出てきたのが「東京都平和祈念館（仮称）展示基本設計［概要］」**（次ページ参照）**です。**展示の詳細まで書かれています。

このやり取りを通じて**「これは何かあるな」と直感**しました。さらに、**担当者は「この質問（平和祈念館）はしないほうが先生のためですよ」と言ってきました。**別の担当者は「西村眞悟先生のようになります」とも言っています。こうした忠告を「いただいて」ますます「何かあるな」という確信を強くしました。

大体、本来なら担当委員会である文教委員会で議論すべきです。それをわざわざ知事の私的諮問機関を作り議論する。形だけは学識経験者、公募委員、議

平和祈念館展示基本施設概要（案）より

東京大空襲に関する展示はわずか全体の七分の一にすぎない。

B 語り継ぐ戦争体験

連日の空襲下での人々の暮らしや、終戦直後の暮らしの厳しさを紹介する。

B-1 空襲下の暮らし

空襲の激化や戦況の悪化が及ぼした暮らしへの様々な影響を、証言や資料を通じて紹介する。

B-2 焼け跡の生活

経済の統制が失われ、極度の食糧不足・品不足が起きた戦後直後の暮らしや、GHQの影響を紹介する。

B-0 近代から終戦までの年表

B-B コラム展示

(例) 戦時下の教育状況／当時の抗日運動やアジアの人々に犠牲を強いた面

F 東京空襲に至る道
―映像シアター―

アジアの人々に犠牲を強いた事件や中国への都市爆撃から、東京空襲に至る歴史的流れを概観的に紹介する。

- アジアへの侵略
- 国家総動員体制
- アジアの人々に犠牲を強いた事件
- 日米開戦
- 東京空襲前夜
- 東京大空襲
- 終戦を迎える

C 核時代と大都市

長期間にわたった東西冷戦と核兵器の開発競争を伝え、その不毛さをわかりやすく紹介する。

C-1 核軍拡競争
C-2 冷戦下の局地戦争
C-3 大都市の核抑止政策
C-4 ベルリンの壁・その崩壊

東西冷戦、核軍拡競争と都市の人質化、反核運動、東欧の民主化運動、ヨーロッパでの冷戦の終焉などを、終戦から現代までの年表に織り込みながら時系列的に紹介する。

C-C コラム展示

(例) 東西陣営から分割された国々の紹介

導入展示

展示テーマ「都市と平和」を直感でき、印象深く受け止められる絵画や芸術作品の展示

A 東京空襲

東京大空襲の悲惨さと、当時の人々の思いを伝え、空襲の全体像を紹介する。

A-1 1945年3月10日

東京大空襲の情景を、被災者の証言とともに、演出的工夫も加えて印象深く伝える。

A-2 東京空襲の全貌

初空襲から終戦日の空襲までの被災状況を、様々な被災資料や米軍資料を通じて、時系列的に紹介する。

A-3 軍事都市東京

当時の東京にあった軍事中枢や軍需工場、研究機関などを通じ、攻撃目標となった東京の役割を紹介する。

A-4 全国の都市空襲

全国の都市攻撃の惨禍を紹介するとともに、都市攻撃の姿を一変させた原爆の被災の実態を紹介する。

A-0 東京空襲年表

A-A コラム展示

(例) 都市爆撃の世界史 / 世界の3月10日

展示の全体構成

G 空間

東京空襲をはじめとする様々な証言映像を閲覧でき、被災者の体験談の場、交流の場として設ける。

E 平和の願い

平和のメッセージや取組を紹介し、世界の恒久平和への願いを伝える。

E-1 平和へのメッセージ

日本国憲法、東京都民平和アピールなど平和を願う様々なメッセージや、平和をテーマにした芸術作品を紹介する。

E-2 平和への取組

国連やNGO、都における都市交流など、様々な平和への取組を紹介する。

E-E コラム展示

(例) 平和に関する都民アンケート

D 平和を脅かす今日的問題

今日でも地域紛争や、平和を脅かす諸問題があり、人々に深刻な影響を与えていることを紹介する。

D-1 地域紛争
D-2 貧困、飢餓、難民、人権の抑圧、環境の悪化

核拡散を含め、諸問題の全体を概要を伝えるとともに、D-1、D-2の区分にこだわらず具体的な問題を取り上げ、わかりやすく紹介する。

D-D コラム展示

(例) 東京都地球環境の悪化

文教委員会の集中審議で密室行政を追及する筆者（平成９年12月18日）

会の代表をそろえて、審議だけはする。けれども、議事録にあるように**一定の結論に向けた議論しかしていない**。つまり、密室行政で強引に形だけは合議制で「東京大空襲容認史観」という結論に誘導する手法です。

ところが、私が文教委員会でそれに気が付き、資料請求を始めた。行政はそれでは困るので**「先生のためにならない」とか、「もう決まっています」**とか言って、当時一年生議員だった私を説得しようとしたのです。

平和祈念館建設が決まった経過

平成二年（一九九〇）七月、東京都は東京大空襲があった**三月十日を「東京都平和の日」**と定める条例を制定しました。

東京都平和祈念館（仮称）展示構成案

展示コーナー	主な展示内容
東京大空襲	1945年3月10日(東京大空襲) 東京空襲の全貌 軍事都市東京 全国の都市空襲
語り継ぐ戦争体験	空襲下の暮らし 焼け跡の生活
核時代と大都市	核軍拡競争 冷戦下の局地戦争 大都市と核抑止政策 ベルリンの壁・その崩壊
平和を脅かす今日的問題	地域紛争 貧困、飢餓、難民、人権の抑圧、環境の悪化
平和の願い	平和のメッセージ 平和への取組
映像シアター（東京空襲に至る道）	マルチ映像システムによる映像シアター
来館者が交流できる空間	証言映像閲覧・体験者の証言聴取・交流の場

10月、平和祈念館の偏向展示の内容が初めて追求されたとき、生活文化局が委員会に提出した「展示構成案」。実際には自虐的な展示の詳細まで決まっていたが、この書面からは展示内容がまったくわからないようになっている。

これに基づいて東京都は「都民一人ひとりが平和の意義を確認し、平和意識を図るため」（鈴木俊一知事）各種の記念行事を実施しています。

平成四年（一九九二）になって、「東京都平和の日検討委員会」から、平成七年（一九九五）に東京大空襲五十年を迎えることから、**犠牲者の慰霊・平和の大切さを内外に発信するモニュメンタルな平和記念館のような施設を検討**してほしいとの提案が知事に出されました。

この発想まではいいのですが、次の段階でこの発想が捻じ曲げられるのです。

「基本構想懇談会」の設置です。

正式には「東京都平和記念館基本構想懇談会」と言います。

懇談会は、平成四年（一九九二）六月十五日を第一回として平成五年（一九九三）五月二十一日まで、五回開催されています。第一回の会合で、**鈴木知事**は、建設を検討するに至った経過を話し、**東京都平和記念館の性格を「東京大空襲の犠牲者を慰霊するにふさわしく、かつ二十一世紀に向けて東京の平和のシンボルとなるもの」**と話しています。これもごく普通の当然のことです。

ところが、この懇談会、「日本がどのように戦争にかかわってきたかを、**犠**

牲をしいた側面からもとりあげることが望まれます」と知事に報告書を提出しました。次の調査委員会では個別具体的に加害の強調がありますが、ここでは抽象的な主張です。

どうして加害を強調した祈念館構想になったのか

この**運動をリードしたのが、「平和博物館を創る会」**です。

会の前身は、昭和五十一年（一九七六）に誕生した「子供に世界に！被爆の記憶を贈る会」です。「平和博物館を創る会」は、教科書裁判の家永三郎氏らが呼びかけ人となって発足し、「あらゆる自治体に平和資料館を、学校・図書館に平和コーナーを」と訴えました。

「創る会」では、「首都圏に建設が期待される平和博物館基本構想・試案」と題する全文六十ページからなる文書を作成し、各自治体に送付しました。その中で**「侵略と支配の体験」を伝えるべきだと言っています**。

つまり、日本は加害者であったことは事実であり、「南京大虐殺」や「従軍慰安婦」など、**歴史的に検証のすんでいないものも展示に含めるべきだと言っています**。創る会は、「いろいろな自治体から相談がある」と言っていますから、**自治体との連携の中で自虐展示をすすめる考え**なのです。

つまり、大空襲犠牲者を五十年放置するのはおかしい。追悼施設が必要だと出発した運動が、**いつの間にか変質したのは、創る会の試案が影響**したと言えます。当然、無批判にそれを受け入れた自治体にも大いに責任があります。

「創る会」と都の関係について、産経新聞が平成九年（一九九七）十二月十六日朝刊で**「特定の団体が深く関与」と報じ**、文教委員会でも私がこの問題を追及しました。

コミュニティ文化部長は「私どもの局では接触はありません」（平成九年十一月十八日）と答弁していました。では、産経新聞に抗議、訂正をしたのか、するのかについては「**ただいま調査中……**」と言い、結局抗議も訂正申し入れもしませんでした。接触があったから抗議が出来ないのです。

それには理由があります。後述しますが、都の発表した委員会とは別に、実は**隠された委員会があります**。会の名称は**『基本計画に関する調査委員会』**。

産経新聞　平成９年（1997年）１２月１６日　火曜日

見直し求め広がる声

都「平和祈念館」展示計画問題　市民運動に発展

都平和祈念館の偏向展示計画の見直しを求める市民グループが展示内容についての対案をまとめるなど、「東京大空襲は日本のせいなのか」という素朴な疑問は一人の民主党都議から超党派に発展、歴史教科書の正常化に取り組む人たちなども加わり広範な市民運動になりつつある。一方、空襲犠牲者の遺族らもきょう十六日、青島幸男知事に計画の撤回を求める要請書を提出する。（渡辺浩）

遺族も内容の変更要請へ

偏向展示計画が最初に明らかになったのは十月二十三日の都議会文教委員会。民主党の土屋敬之氏（板橋区）が、展示の基本設計を委託した企画会社が長崎原爆資料館で〝やらせ写真〟を展示した会社であることや、展示計画に「軍事都市東京」という耳慣れない言葉を使っていることを指摘、「反日のマインドコントロールだ」と追及した。

この質問がきっかけとなって、自民、公明、民主、無所属クラブの八人の都議による超党派グループ「東京の平和を考える会」が発足、市民レベルでも「東京の平和を考える市民の会」が結成された。

東京の平和を考える会は自由主義史観研究会代表の藤岡信勝東大教授を講師に招いて勉強会を開き、藤岡教授が「展示内容は東京裁判史観に基づいており、大空襲が日本の『侵略』の結果との印象を与える構成になっている」と問題点を指摘。同研究会は近く青島知事に声明文を提出する。

さらに、各地の戦争資料館の偏向展示問題に取り組んできた「日本会議」（会長・塚本幸一ワコール会長）も運動に加わった。日本会議都本部（加瀬英明議長）は今月中に署名運動を始める予定。

東京の平和を考える市民の会は十四日、平和祈念館建設予定地の横網町公園（墨田区横網）で初めての集会を開き、土屋都議や田代博嗣（自民、世田谷区）、古賀俊昭（無所属ク、日野市）両都議を初めとして自由主義史観研究会、日本会議のメンバーら約四十人が偏向展示の見直しを訴え、JR錦糸町駅前などでビラを配った。

土屋都議は「広範な市民運動になってきている。公正な展示を求めているのであって戦争賛美ではない。都が偏向展示を撤回しないなら、建設自体に反対していく」と話している。

これらの動きとは別に、祈念館建設計画に反対する運動がある。東京大空襲の犠牲者遺族や空襲体験者ら約二百五十人で作る「『東京都平和祈念館』建設案の再考を求める会」は十六日に青島知事に建設場所や規模、展示内容の変更を求める要請書を出す予定。

同会の谷津志津代表は「非戦闘員に対する無差別殺りくである東京空襲の資料展示と犠牲者の慰霊をメーンにした本格的な施設を、もっと広い場所に建設すべきだ」と話している。

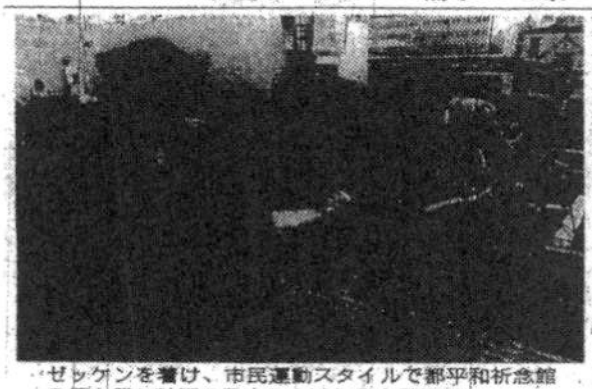

ゼッケンを着け、市民運動スタイルで都平和祈念館の偏向展示計画の見直しを訴える土屋都議
＝14日、ＪＲ錦糸町駅前

産経新聞（平成９年12月16日）

その委員会議事録（要約）の二ページ「d収集の範囲と目標について」、十二ページ「a基本的な考え方について」の項目に「全国の戦争・平和関係の博物館をつくろうとしている団体との連携をとる」「**『平和博物館を創る会』のレポートの中には、空襲の被害についてかなりの記載があるので（接触する）価値はある**」とはっきり記されています。

この事実を追及したところ「現時点で接触はないし、接触した経過みたいなものを、いま調査中でわからない」と答弁したのですが、**信用するに値しません。**大体、私が追及した「**戦時奴隷制セミナー**」**に都が三百万円の補助金**を出している問題でも、担当部長は「助成したことは知っているが内容はわからない」と答弁。それが「**不適切**」**だと最後まで認めませんでした。**

また、「**東京の高校生平和のつどい**」が、ある学校で開催され、それを東京都が後援していました。従軍慰安婦問題、七三一部隊、三光作戦がホームページに羅列されていましたが、「当日の様子は知らない」けれど、**後援名義は「適正に運用されている**」と答弁しています。

つまり、**自分の非は認めない、それが歴史を捻じ曲げるものであってもサヨ**

クの立場に立って強弁する、これが東京都の行政の姿です。

初めから十五年戦争史観の「基本構想懇談会」

平和祈念館問題で**最初に設置されたのが「基本構想懇談会」**です。懇談会は平和祈念館の基本を定めました。座長は、平和博物館を創る会の呼びかけ人である永井道雄元文部大臣です。他に、鍛冶千鶴子弁護士らも名前を連ねています。

十八名の委員で構成される委員会は六回開かれています。そこでは**今までの被害者意識を脱却して加害者意識も強調されなければならない**との議論が活発になされていました。

まとめられた報告では、「満州事変から終戦までの歴史を紹介し」と**十五年戦争史観**で戦争をくくっています。

つまり、**侵略戦争史観＝空襲容認史観は既に顔を出している**のです。

さらにこの懇談会は、偏向展示で市民から指摘を受けている**ピース大阪（大**

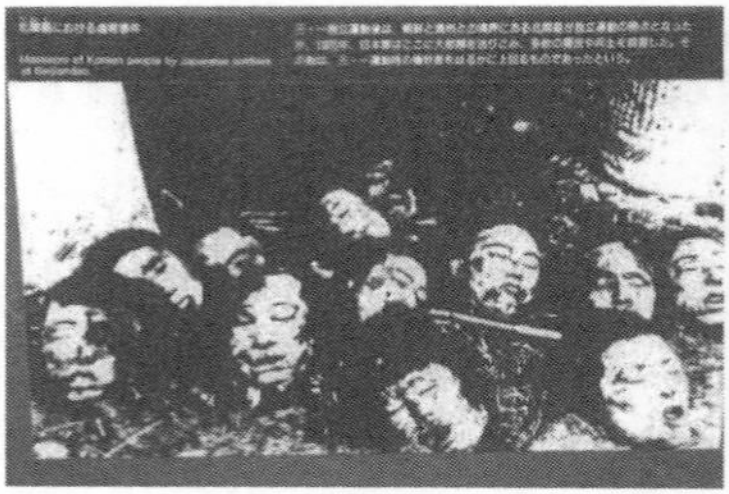

「ピースおおさか」の加害強調の残虐写真

「ピースおおさか」の展示コーナー

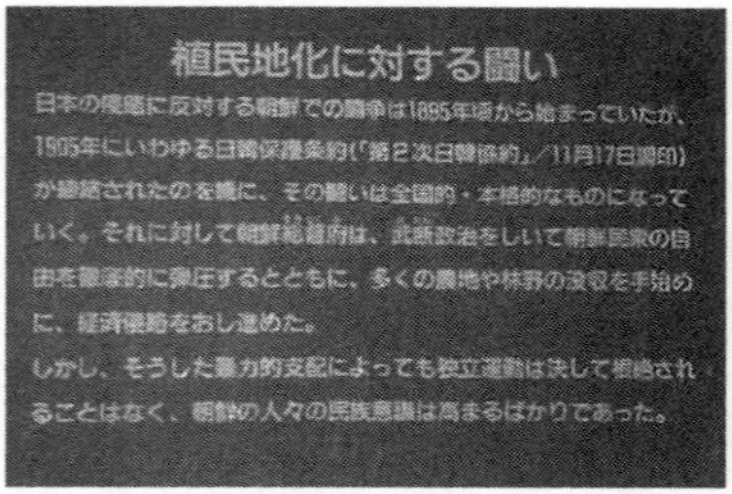

日本を一方的に悪とする歴史観に貫かれている

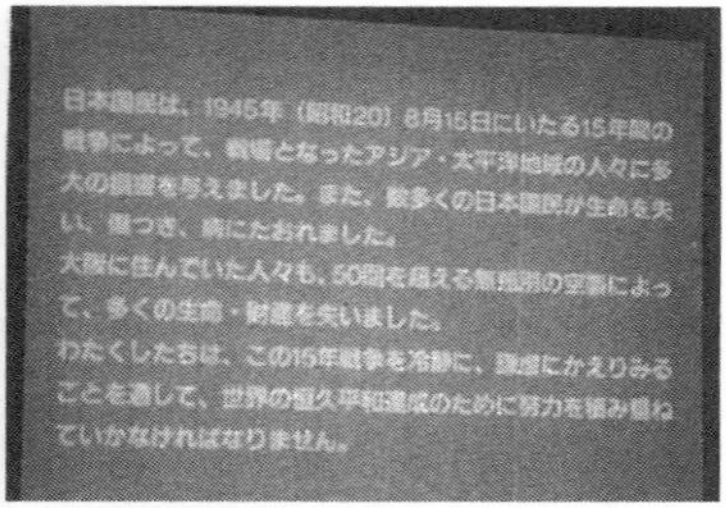

15年戦争史観ありきの説明文

「ピースおおさかか」を視察する著者

出所不明の写真が〝抗日「義兵」〟となっている

阪国際平和センター）を視察しています。視察したピース大阪は、開館直後から**展示の極端な偏向が問題**になりました。**産経新聞が社説で「税金を使った犯罪である」**と指摘しているほどです（現在は九十パーセント是正されています）。

これだけ問題になっている施設を見学しての報告が懇談会でなされていますが、九名の委員が視察して、議事録にしてわずか二十行。偏向展示への感想などありません。「十五年戦争……いろいろな材料を扱っていて**参考になりました**」です。ヒステリックに「天皇万歳」を叫び、問題となっていた映像、出所不明の写真など、まるで問題になっていなかったかのようです。つまり、彼らにとってこの展示が「まとも」に映ったということで、懇談会の議論もこれを基軸にすすめられて行った証拠と言えます。**ピース大阪での誤りを東京に持ち込む行為です**。

隠されていた、展示の細目を決めた「基本計画に関する調査委員会」

「基本構想懇談会」で抽象的であった展示計画も**「調査委員会」となるとよ**

り具体的になります。そこでは、

・首都圏にある軍需産業を取り上げるべきだ。
・東京は軍事の中心であった。
・南北朝鮮の対立も取り上げる。
・空襲を都市の視点でやると被害者意識になってしまう。
・侵略、アジアの部分も絞り込んで行わなければならない。
・侵略という言葉がきちんとつかえるかは重要である。
・平和教育を実践している人々に、講座を行ってもらう。

などの提言が活発に行われています。

第二回の会議で重要なことが議論され、第三回の会議でそれは決定されています。「**軍事都市東京**」です。この耳慣れない言葉は、「**東京大空襲は日本の侵略の結果だ**」という自虐史観に基づく展示を強行するために新たに作られました。第二回委員会（次ページ資料）を見ると、中項目Aの2に「東京の軍事」の項目があります。

すでに、この時点で東京が軍事拠点であったから空襲があったという空襲容

［第二回委員会資料］

サブテーマ	中　項　目
A　東京空襲 （約２００㎡）	1　焼けた都市 東京. 燃. 東京 炎上. 東京空襲の全体像. 〃　全ぼう.
	2　~~首都東京の軍事的役割~~ 首都東京の役割, 首都東京 帝都東京. 東京の役割 , 軍事都市東京.

［第三回委員会資料］

メイン展示	〔大項目〕	〔中項目〕
約 775㎡	A　東京空襲 約 200㎡	A－1　1.945年３月10日 －2　東京空襲の全貌 －3　軍事都市東京 －4　犠牲となった人々 －5　全国の都市空襲
	B　語り継ぐ戦争体験 約　75㎡	B－1　空襲下の暮らし －2　空襲の惨禍 －3　焼け跡の生活

第二回委員会資料

上段が東京都平和祈念館（仮称）基本計画に関する調査第二回委員会、下段が同第三回。第二回の書き込みが生々しい。そして第三回で「軍事都市東京」と明確に明示される。

提出された「東京平和祈念館（仮称）基本計画に関する調査委員会議事録（要約）及び委員名簿

認史観が顔を出していますが、まだ〝軍事都市東京〟という言葉は登場していません。

この日の審議で、首都の部分に線が引かれ（第二回委員会資料）軍事の後に「的役割」が追加され、「首都の軍事的役割」に名称が変更になっています。さらに、その下に手書きで〝軍事都市東京〟と記入されています。

それが三回目の委員会になると、中項目A―3に活字となった〝軍事都市東京〟という言葉を発見出来ます。明らかに**二回目の委員会で〝軍事都市東京〟という造語が検討され、三回目の委員会で決定していることがわかります。**

この委員会の存在を知って、担当部長に議事録の提出を求めましたが、「議事録は一切ない」の一点張りです。

平和祈念館の展示計画は「基本構想懇談会」で基本を決定し、この「調査委員会」で細目を決定しています。そのような重要な会議の議事録がない、メモもないはずがありません。しかし、平和祈念館の議論が盛んになり、密室行政批判が行われるようになると「よく探したらありました」と持ってきました。**議会には余計なことは一切知らせない。追及が行われ最終段階で「出さざるを得ないようになったら」しぶしぶ出す。密室行政の典型です。**

共同作業で行った偏向展示

「基本計画に関する調査委員会」は六回の審議を終え、その**結果は「東京都平和祈念館（仮称）基本計画」**という小冊子にまとめられています。そこには、「展示に当たっては、平和にかかわる客観的事実を提供することとし、それを基に来館者自身が考えることのできるようなものとする」と展示の基本方針が述べられています。つまり、**客観的事実を提供し、来館者自身が考えることの出来る展示をする**というのです。

ところが、基本計画では、これと**正反対のことが書いてあります。**

例えば、（5）の常設展示の展開の中で、

A―3「軍事都市東京」

当時の東京には軍事の中枢があり、また学術機関や軍需産業も数多く立地していた。

攻撃目標とされた東京が担っていた役割を軍事機能や軍需産業の立地地図などにより示す。

B「コラム展示」

当時の抗日運動や今日のアジア各国の教科書などを紹介し、**アジアの人々に犠牲を強いた面を取り上げる。**

F「空襲に至る道」

満州事変から日中戦争に続く戦争の中では、日本が行った**重慶爆撃を紹介するほか、アジアの人々に犠牲を強いた事件も取り上げる。**

が目を引きます。

客観的事実を提供するのなら、わが国が戦争に追い込まれて行った数々の事実も展示すべきですし、当時の西欧列強によるアジア、アフリカ植民地支配の

構造も展示に含めるべきです。特に、安易に重慶爆撃を含めることは、日本が重慶を爆撃したから東京大空襲も仕方なかったとする**空襲容認史観に道を開く**ことになります。

報告書を作成した調査委員会の五人の委員、実質的な報告書の作成に関与した都の生活文化局職員、共同作業をした企画会社の社員は、こうした矛盾をどう説明するのでしょうか。仮に議会がこの時点で客観的事実とは名ばかりの偏向展示内容を知って問題を提起していれば、今日のような状態をこの時点で防げたはずです。ところが、行政は巧みに情報をコントロールして、議会にも都民にも積極的に内容を伝えてこなかったのです。**密室行政の中で知らない間に、偏向展示に向けた歩みが始まっていました**。

建設委員会の重大疑惑

強大な権限

文教委員会で平和祈念館問題が取り上げられた直後、平成九年（一九九七）

十一月十四日に開かれ第八回建設委員会は趣が違っていました。今までは、公開とはいえ、いつ委員会が開かれ、どのような議論がなされていたかに関心を持つ人はほとんどと言ってよいくらい、いませんでした。ところが、議会で「密室行政」「東京大空襲容認史観」が問題になって、傍聴人の数は爆発的に増えています。

この日、注目すべき発言がいくつかあります。

・山本英典公募委員

「**ここで審議をしていて一定の見解を出しても、またどこかではねられるようなことがあるのか**」

「ここで決まったことをどこかで**ひっくり返すようなこと**があるんでしょうか」

・下村　暎二座長

「**議会で問題になろうとなるまいと、**（中略）**あまり議会云々ということ**

欺瞞に満ちた建設委員会

を、**この建設委員会の中に持ち込みたくない**というのが私の考え方でございます」

・糀谷陽子公募委員
「議会の場でのいろいろな審議が強く反映されることについては、**私はちょと納得しかねる**んですけれども」

こうした意見は、**議会で平和祈念館の議論をされては困る。議会からの干渉は許さない**といった、**思い上がった発言**です。明らかに、建設委員会は単に知事の私的諮問機関であるといったことを忘れ、**展示内容は私たちの議論で決める、議会からの干渉は許さないといった、**

極めて独善的なものです。逸脱した発言と思われても仕方がありません。

このことに関して、行政は「知事の私的諮問機関である建設委員会の性格につきましては要綱を説明するという形でご説明いたしております」（コミュニティ文化部長）と言っています。つまり、建設委員としての任務は、知事の私的諮問機関として単に知事に報告をするだけ。参考意見ということは、十分に周知しているということです。ところが、続けて、「個々の委員の方の意見がどのような趣旨で行われたかということについては、コメントを差し引かえさせていただきます」と、あたかも**建設委員としての任務を逸脱、議会軽視の発言を放置する**かのような、無責任な答弁をしています。

これだけの発言があるにもかかわらず、行政がこのような態度ですから、建設委員会での議論は推して知るべし。戦災で亡くなった方と震災で亡くなった方を同じ場所に弔うのはおかしいという意見は無視されています。

事実、平成十年（一九九八）一月二十三日に開かれた第九回建設委員会では、東京大空襲遺族の委員、橋本代志子さんが**建設場所について発言しようとしたところ、下山座長から後で発言するようにと言われました。委員会が終盤に近**

産経新聞　平成１０年(1998年)１月２９日　木曜日　（東　京）２４

都平和祈念館　建設委運営に批判

空襲遺族の発言封殺

強権的推進、都議会でも問題に

都平和祈念館の偏向展示計画問題で、展示内容などを検討している知事の私的諮問機関、都平和祈念館建設委員会（座長・下山瑛二元都立大学長）の議論の進め方に歴史観を超えて批判が高まっている。このほど開かれた委員会では東京大空襲犠牲者の遺族が発言を許されず、遺族や空襲体験者は不満を募らせている。計画の見直しを求めている「東京の平和を考える市民の会」（座長・石井公一郎元都教育委員）は「強引な計画推進が裏付けられた」として、開かれた議論を求めていく方針だ。（渡辺浩）

都平和祈念館建設委員会は平成八年五月に有識者や都議ら二十人で発足。建設場所を墨田区横網の横網町公園とすることを決定。「アジアの人々に犠牲を強いた事件」「軍事都市東京」などの展示内容を中心に議論してきた。

遺族の発言が認められなかったのは、二十三日に開かれた第九回委員会。冒頭、東京大空襲遺族の委員、橋本代志子さん(七五)＝江東区森下＝が建設場所について発言しようとしたところ、下山座長から議題の「その他」のときに発言するよう指示された。

この後、饗庭孝典展示部会長（杏林大教授、元NHK解説委員）から「アジアへ強いた犠牲の展示は必要」とする展示部会の意見が報告されるなど、議事が進められた。

委員会が終盤になったため橋本さんが発言を求めたが、下山座長は建設委員会の最終回の最後に発言を許すとして発言を認めなかった。同じ遺族で、落語家の故林家三平さんの妻のエッセイスト、海老名香葉子さんが「発言させてあげればいいじゃないですか」と批判したが、下山座長は委員会を打ち切った。

橋本さんは東京大空襲で両親と十八歳の妹を亡くし、自らは一歳の長男を抱えて川に飛び込み九死に一生を得た。戦後は空襲展の開催や映画の製作などで惨禍を語り継いできた。平和祈念館問題では、現在の予定地とは別の場所に本格的な施設を造るべきだとする遺族や空襲体験者のグループ「『都平和祈念館』建設案の再考を求める会」のメンバーだ。

建設委員会の運営について、橋本さんは「めげません。次回は必ず発言します」と話している。

「再考を求める会」は今月初め、「東京の平和を考える市民の会」の藤岡信勝東大教授らと意見交換の場を持った。先の大戦をめぐる歴史認識では意見が対立したが、①慰霊の機能を持たせるべき②天災である関東大震災の復興記念館との合築はふさわしくない③計画の進め方が強引だ―などの点では一致したという。

「市民の会」の土屋敬之都議は「今回の件で、強権的な計画推進が改めて裏付けられた。建設委員会の強引さや密室性は以前から都議会で問題になっているのに、議会無視、都民無視もはなはだしい」と批判、諮問機関ではなく都議会での議論を求める構えだ。

海老名香葉子さんに聞く

「大空襲」にテーマ絞るべき

都平和祈念館建設委員会の委員の海老名香葉子さん(六四)は静岡県に一人で疎開している間に東京大空襲で両親や兄弟ら家族六人を失った。夫の林家三平さんの死後、文筆活動や講演などで戦争体験を語り継いでいる。産経新聞の取材に対し、現在の平和祈念館計画への疑問点を語った。

×　　×

――平和祈念館計画とのかかわりはいつからですか

「平成三年に『都平和の日記念行事企画検討委員会』の委員をおおせつかりまして、そのときに、東京大空襲で亡くなった人たちの慰霊の場所を造ってほしいとお願いしたんです。その後『都平和記念館基本構想懇談会』や現在の『都平和祈念館建設委員会』に参加させていただいています」

――現在の計画では、慰霊や追悼の施設にはなっていませんね

「首都・東京で十万人の人々が殺されたのに、五十年以上たっても手を合わせる場所がないなんて信じられません。建設予定地には都慰霊堂がありますが、天災である関東大震災と人災の空襲の犠牲者の骨を一緒に納めているんです」

――計画だと、「アジアの人々に犠牲を強いた事件」のコーナーがあります。「侵略の結果、空襲を受けた」と印象づける展示だと批判されていますが

「展示内容が広がりすぎていますね。環境問題まで入っているんですよ。あくまで東京大空襲にテーマを絞って、悲惨さを後世に伝える施設にしてほしいというのが、遺族である私の願いです。名称も、平和祈念館より東京大空襲記念館の方が望ましいと思います」

――展示計画に「軍事都市東京」という言葉があり、「軍事都市」だから攻撃目標になったと説明することになっています

「軍事都市じゃありませんよ。庶民が住んでいた下町です。木造住宅の密集地の周囲を爆弾で逃げられなくして、焼夷弾で焼き尽くしたんです。軍事施設ではなく、住んでいる人を狙ったんです。軍事都市だから攻撃されたなんて、絶対言ってはいけませんね」

――建設委員会の進め方に批判の声が上がっていますが

「橋本さんに発言させるべきでした。私も以前、座長の議事進行に不満を述べたことがありますが、計画自体がつぶれてしまっては何にもならないので、譲れるところは譲っています。でも、慰霊の機能と東京大空襲に絞った展示、『軍事都市』の削除はこれからも主張していきます」

東京

東京ニュース
☎3275・8747―8
FAX3270・5869
ご購読の申し込みは
☎フリーダイヤル
0120―34―4646へ。

あすのこよみ
（30日）
旧1月3日
《先負》

月齢	1.9
日出	6.43
日入	17.05
月出	7.54
月入	19.24
満潮	6.49
	18.06
干潮	0.12
	12.30
中潮	（芝浦）

産経新聞（平成10年1月29日）

付いたところ、再度発言を求めましたが、その時の発言はとうとう許されませんでした。

海老名香葉子さんは新聞のインタビューで「橋本さんに発言させるべきでした。私も以前、座長の議事進行に不満を述べたことがありますが、計画自体がつぶれてしまっては何もならないので、譲れるところは譲っています。でも、**慰霊の機能と東京大空襲に絞った展示、〝軍事都市東京〟の削除はこれからも主張していきます**」と話しています。

建設委員会と委員はいつから議会を超える権限を手に入れたと錯覚したのか、あるいは最初からそのつもりで委員会構成をしたのか。議会とは離れたところで、このような重要なことが独善的に決められるとしたら、それこそ議会軽視です。

公募委員選任の疑惑

公募ですから、多様な意見を持つ人たちが専任されるというのが普通の感覚です。ところが、選任された五名は一定の方向を見た意見を述べています。

・本間美智子公募委員

「**東京大空襲に至った侵略戦争**といいますか、そういうことをきちんと、どうやって戦争が起きて、その戦争がどういうことで、そしてどういう被害が及ぼされて、どういう加害をしてきたか……」

・山本英典公募委員

「**被害だけ強調していますと**、原爆についても同じですが、アジアの人たちが『何だ、やりたいことだけやっておいて、被害だけを強調する』ということで反発するんですよね。**少なくとも十五年戦争が今日の大空襲、原爆への道をひらいていったわけで……**」

・糀谷陽子公募委員

「**日本が戦争を起こしたんだ**ということを子供たちにきちんと理解させたいと思うのです……子供たちにわかるように説明しなければならない」

・菅谷八重子公募委員
「**侵略戦争についてでも、どんなとらえ方をするのか**ということがちょっと危惧されるんです」


といった議論が、公募委員を中心に展開されています。

こうした発言は、**特定の歴史観、いわゆる自虐史観に立った発言**であると、多くの人が感じると思います。驚くべきことに、こうした発言にほとんどといってよいくらい、反論がありません。ご紹介した四名は公募で選ばれたと称する委員ですが、この人たちは、**委員会での発言とは別に、委員会あての提案、要請を行っています**。その中でも今日の平和を脅かす問題として**在日米軍基地問題を展示すべき**だとか、あるいは山本英典氏のように、**南京大虐殺を取り上げるべきだ、となり組の回覧板なども戦意高揚の諸施策だ、軍人恩給の復活は戦犯の免罪だ**とまで言い切るありさまです。

海老名香葉子さんは、平成十年（一九九八）二月建設委員会に意見を寄せています。

一　テーマをもっと絞っていただきたい。広がりすぎていると思います。狭いスペースで伝えきれなくては残念です。

二　軍事都市東京は絶対反対します。

三　祈念館とするのですから、モニュメント、手を合わせるような、仰ぎ見、頭を下げるべきを作って頂きたいことをお願いいたします。福山では死亡者を50年たって全部調べて残したとのこと。慰霊祭に参加いたしました。やや小型ですがモニュメントは心を打ちます。市民の心が刻まれていると感じ入りました。写真を同封いたします。

海老名香葉子

山本英典氏と海老名香葉子さんの意見とどちらがこころを打つ意見で、どちらが大空襲犠牲者に寄り添う意見で、平和祈念館建設に当たって傾聴すべき意見なのでしょうか。

議員も参加した審議会というからくり

建設委員会は二十名の委員から構成されていて、うち五名が都民の代表と称する公募委員です。**議会の代表と称する議員も五名**入っています。私たちの「建設委員会は密室だ」という主張に、偏向展示推進派は「議会の代表である議員も、都民の代表である公募委員も参加して今日まで議論して来た」と反論します。ところが、前項でご紹介した公募委員の発言に不自然さを感じる人の方が多いと思います。

では議員はどうか。都議会には審議会が数多くあります。ところが、そこでの議論に参加する議員はまれです。事前に役人が説明に来ます。

私も数々の審議会に参加して来ました。興味のある審議会では積極的に発言しますが、そうでない審議会は発言しません。それがいいか悪いかは別にして、適当に流してお終いです。建設委員会委員のある先輩議員に聞きましたら、その程度の認識。「平和を祈り、東京大空襲の犠牲者を追悼する施設ならいいんじゃあないか」と言っていました。

「いや、実はこんな事例がありまして……」と説明すると、当事者であるにも関わらず「知らなかった」と言います。失礼ながら、こうなると議員の質の問題ですが、流して聞いているだけです。

そこに行政がつけこみます。**「議員も参加した審議会」という大義名分があり、一部の議員を除いてあまり関心がない。となると行政の思うつぼです。**

「先生、先生」とおだてておいて、行政の思惑通りの結論に誘導する。**異論が後で出てきたら「議員も参加して」議論したと言えば済むと思っています。**

だから**建設委員会では、ある意味「意識のある」公募委員が積極的に発言し、会の運営の一定の流れが出来ます。議員は権威付けに利用されるだけです。**

おれたちが送り込んだ公募委員

ある左派の労組関係者から**「おれたちが送り込んだ公募委員にケチをつける**

な」と言われました。おれたちが送り込んだ。

だから公募委員の発言が一定の方向を向いているのか妙に納得出来ます。

また、ある民主党議会関係者は、**「土屋さん、あれ**（**公募委員の小論文**）**おれが添削したんだ**」とも言っていました。

公募委員の募集は、平成八年（**一九九六**）**四月一日に「広報東京都」というタブロイド判の広報紙で行われました。**

わずか十一行の募集広告です。**締め切りは十五日必着。僅か二週間。**

「東京都平和祈念館にのぞむこと」と題する小論文を出すことになっています。ところが平和祈念館の建設は東京都の財政事情から棚上げになっていたのです。それが政治的駆け引きで**復活したのが平成七年**（**一九九五**）**十一月の「東京プラン'95」です。ですから、その五か月後の四月の時点で知っている人はごくわずかです。**

試しに私の選挙区であった板橋区の常盤台で平成九年（一九九七）十二月四日、平和祈念館の調査を行いました。平和祈念館の建設を知っている人はわずか三パーセント、内容を知っている人はだれ一人としていませんでした。

つまり、ほとんど認識されていないということになります。

こんな手順で公募委員が選任されれば、議論は一定の方向に走って行きます。委員の選任について、「公募につきましては公募要項によりまして選考委員会を設置し、（中略）選考を行いました。この選考のやり方については間違いはなかったと考えております」（コミュニティ文化部長）と言っております。選考はコミュニティ文化部長、国際部長、女性青年部長の四名によって行われたことが議会の質疑で明らかになりました。

●東京都平和祈念館（仮称）建設委員会委員の募集
戦争の惨禍を語り継ぐとともに、都民の平和への願いを世界に発信する拠点となる「平和祈念館」の建設にあたり、展示内容など基本的事項について意見を求めるための知事の懇談会の委員を募集します。**資格**　都内在住・在勤で年3回（平日）の委員会に出席できる方　**人員**　5人（委員会は21人で構成）　**任期**　1年。
【申込】　4月15日（必着）までに、作文「東京都平和祈念館に望むこと」（400字詰め原稿用紙2枚以内、余白に住所、氏名、性別、電話、職業）を〒163－01東京都生活文化局振興計画課☎03（5388）3141へ。

「広報東京都」
わずか11行の公募広告に気づく都民がどれだけいるのだろう。

議会での追及に「公平に審査、選考したものでございます」と無責任答弁を繰り返しました。「その結果として、（このような事態になった）このことをどう思っているかというんだよ」と野次が飛んだくら

歪められる大空襲

検証 都平和祈念館偏向展示計画

002

諮問機関に「特定勢力」

―推進派の狙い

都に平和施設の建設を求める動きは、美濃部都政の末期から始まった。昭和五十四年、「東京空襲を記録する会」などの運動で知られる作家の早乙女勝元氏ら十二人の文化人が、次期知事選の有力候補者に「空襲・戦災記念館」設置を求める公開要請書を送った。

後に知事に就任する鈴木俊一氏はこのとき、空襲の惨禍を記録するという趣旨に賛同し、「もろ手をあげて賛成」と回答した。しかし、早乙女氏の考える施設の趣旨は空襲の記録だけではなかったようだ。

早乙女氏は「平和博物館」建設推進の全国組織である「平和博物館を創る会」の理事でもある。「創る会」は教科書訴訟の家永三郎氏や国際政治学者の坂本義和氏らが呼びかけ人になって五十八年に発足し、「侵略と支配の体験」を伝えるべきだと主張している。

早乙女氏に取材を申し込もうと自宅に電話したが、「コメントは差し控えさせていただきます」とだけ言って受話器を置いた。「東京大空襲は日本軍の重慶爆撃の結果として起きた」。九日開かれた都主催のシンポジウムで、早乙女氏はそう語った。

■ ■

「創る会」は各地の自治体に「平和博物館」建設を申し入れ、建設が決まった自治体には展示品を提供するなど深く関与している。岩倉務専務理事は、都平和祈念館をめぐっても「都側と意見交換した」と話している。

産経新聞は平和祈念館の展示計画を検討している青島幸男知事の私的諮問機関「都平和祈念館建設委員会」（座長・下山瑛二元都立大学長）のメンバーの調書を調査した＝別表参照。「創る会」の関係者が少なくとも二人いる。

また、有識者とは別に都民から募った「公募委員」がプロの平和運動家や女性運動家、都教組幹部などで占められていることも分かった。都は「委員がどんな団体に属しているかは分からない」としている。

公募委員の募集は平成八年四月一日付の「広報東京都」の目立たない告知記事で行われた。「東京都平和祈念館に望む」と題した作文を添えて申し込むとされ、締め切りは同月十五日必着だ。

土屋敬之都議は「これでは普通の都民が申し込めるわけがない。〝都民参加〟はまやかしで、公募委員制度は特定の勢力が諮問機関を乗っ取るために使われた」と批判する。

■ ■

共産党と関係が深いといわれる都教組、東京地評、出版労連、歴史教育者協議会はそれぞれ、平和祈念館建設促進の陳情書を都議会に提出しており、その中で「東京への空襲が、まさに軍事および軍需工場の中枢であったがゆえに行われたものであることは、紛れもない事実である」と、平和祈念館の展示計画の〝空襲容認論〟を支持している。

[illegible]

共産党系は〝空襲容認論〟支持

しかし、共産党機関紙「赤旗」は最近の平和祈念館論議に沈黙を守ったままで、計画見直しを求める動きはもちろん、建設推進の主張や報道もしていない。

このことについて、自ら「かつて間違った平和運動の末端にいた」と告白する藤岡信勝東大教授はこう分析する。

「左翼は社会主義が崩壊した後、過去の日本をたたくことによって満足感を得ようとしている。平和祈念館問題の議論に参加することによって、『反日』を強調するために米国の無差別爆撃を正当化していることが露呈するのが怖いのだろう」

東京大空襲から五十三周年を迎えた十日、三笠宮寛仁親王ご夫妻をお迎えして春季慰霊大法要が都慰霊堂（墨田区横網）で営まれた。ご夫妻が入退場される際に千人近い参列者が立ち上がる中、来賓として招かれた不破哲三共産党委員長の代理の秘書だけが着席したままだった。

（渡辺浩）

産経新聞（平成10年3月11日）

平和祈念館建設委員会メンバー
（敬称略：建築部会の二人は除く）

【座　長】

下山　瑛二　元都立大学長（憲法）強引な議事運営に批判の声が上がっている。都議会軽視の発言もあった。〔展示部会長〕

饗庭　孝典　杏林大学教授、「アジア女性基金」運営審議会委員。“空襲容認論”と批判される展示計画をまとめた。〔展示部会副部会長〕

佐々木　隆爾　都立大学教授（日本近代史）編書『昭和史の事典』で「南京大虐殺」の被害者数を「約20万人」と記述。

【委　員】

山本　賢太郎　都議（自民・墨田区）

秋田　獲雄　都議（共産・品川区）

石井　義修　都議（公明・墨田区）

尾崎　正一　都議（民主・府中市）

三浦　政勝　都議（無所属ク・三鷹市）

石井　金守　都遺族連合会会長

海老名香葉子　空襲遺族、エッセイスト。東京大空襲に絞った展示を求める。

橋本　代志子　空襲遺族、「東京都平和祈念館建築案の再考を求める会」会員

川勝　平太　元早大教授（比較経済史）

大石　芳野　写真家、「平和博物館を創る会」呼びかけ人

【公募委員】（公募の「一般都民」）

山本　英典　日本原水爆被害者団体協議会事務局次長、都原爆被害者団体協議会事務局次長、「平和博物館を創る会」編集委員（都の発表は「団体役員」）“南京大虐殺”の展示を求める。

糀谷　陽子　東京都教職員組合の教文部長（都の発表は「中学校教諭」）。日米安保や自衛隊、米軍基地など平和を脅かす問題の展示を求める。

菅谷　八重子　社民党系の「日本婦人会議」中央常任委員、社民党東京都連などでつくる「東京平和運動センター代表幹事（都の発表は「主婦」）。“侵略戦争”“従軍慰安婦”の展示を求める。

本間　美智子　「反核家族新聞」発行人（都の発表は「会社員」）。先の大戦を侵略戦争と位置付けるように求める。

手塚　太郎　京都大生、民青の影響力が強い「東京の高校生の平和の集い」の実行委員を努めた。（都の発表は「大学生」）。東京から基地をなくすことによって“都市から平和をつくる”と発言。

※産経新聞・平成10年4月17日／5月26日付より

平和祈念館建設委員会名簿

いです。

建設委員会メンバー一覧は、新聞が繰り返し報道したものからの引用ですが、**公募委員の肩書は、山本英典氏が団体役員、糀谷陽子さんが中学教諭、菅谷八重子さんが主婦、本間美智子さんが会社員となっています。**（産経新聞調査）

こうした事実を**都は「全く知らなかった」「事実を知って驚いている」**と言っています。

公募委員の本間美智子さんは第一回建設委員会でこう言っています。「私、応募させていただいて、本当に感謝しておりますけれども、**友人何人かと応募致しまして、その中で糀谷さんと**（二人で）**選んでいただいたのです**」。**なんだあ、そういうことなのかです**。

公募委員は、百億ともいわれる平和祈念館の建設を審議する重要な役割を本来持っています。当然日当も、一日当たり二万二千円支給されます。そうした委員を選考するときに、たった二枚（原稿用紙）で可能でしょうか。さらに、こうした記念館では思想の対立があると、基本構想懇談会、調査委員会の段階で容易に予想はつきます。となれば、選考にあたって双方の委員を選任するの

偏向展示反対の街頭行動でマイクを握る田代ひろし都議（左）と古賀俊昭都議（右）

が常識です。

糀谷陽子さんは、東京都教職員組合の教文部長（産経新聞調査）ですが、「週刊金曜日」では、「**東京都平和祈念館構想に反対する勢力の策動を許すな」と主張しています**。この文章は公募委員に選任されて以降のものですが、「反対する勢力の策動を許すな」と硬い意志を表明しています。このような人物を東京都は公募委員に任命したのです。

軍事都市東京は削除されていない

〝軍事都市東京〟は不適切だとの声が広がる中、建設委員会の審議で〝軍事都市東京〟が入った原案の修正が行われました。第十二回の建設委員会で発表された修正案は、［考え方1］、［考え方2］の二種類になっています。たしかにこの二つの修正案では〝軍事都市東京〟が削除されたかに見えますが、言葉を変えて隠しているだけです。

例えば、［考え方1］では、A東京空襲の全貌に「首都東京にあった軍事・軍需施設」とことばを変えて入れています。そのテーマ別説明には「都内の様々な軍事関係施設が攻撃目標になったことを地図的に紹介する」と書かれています。原案にある「東京大空襲」の説明（ねらいと視点）でも全く同じことが書いてありますので、明らかに内容は変わっていないことになります。

［考え方2］でも、A東京空襲の全貌に「初空襲、軍事目標への爆撃」に「1942年4月の初空襲と初期の軍事目標への爆撃を紹介し、東京にあった軍事施設等を地図に示す」と同じようなことが書かれています。

つまり、建設委員会は、〝軍事都市東京〟という言葉は削除して、別の言葉に置き換えて都民や議会の批判をかわすといった卑劣なテクニックを使ったのです。建設委員会での議論を聞いただけでは、〝軍事都市東京〟も削除され、少しは改善されたと思う人もいるかも知れませんが、偏向展示推進派は、こうして巧みに世論の批判をかわしていくのです。

平成十年（一九九八）七月十五日に建設委員会報告が出されました。

平成十年（一九九八）七月、都庁第一庁舎・七階特別応接室において建設委員会の知事報告がありました。報告は［考え方1］［考え方2］をさらに整理して、［考え方A］［考え方B］としたものですが、内容的変更はほとんどありません。つまり、建設委員会は文教委員会での審議を全く考慮せず、また、都民から請願、陳情が「九十七対三」で建設みなおしを要求しているものだということにも耳を傾けず、小手先だけの修正で、実際は批判のある原案そのままの報告を知事にしたことになります。

東京都平和祈念館(仮称)
建設委員会報告
平成10年7月15日
東京都平和祈念館(仮称)建設委員会

建設委員会報告書

＜第三種郵便物認可＞

都平和祈念館計画

見直し7297人 推進214人

「世論反映を」建設委批判の声も

▲都議会への ▲請願・陳情

都平和祈念館の偏向展示計画問題で、計画見直しを求める都議会への請願・陳情の署名が計七千二百九十七人分に上っていることが二日までに分かった。建設推進派の署名は延べ二百十四人にとどまっている。

都の議会局によると、都平和祈念館に関係する請願・陳情は四百七十二件（延べ七千五百十五人分）。一つの問題でこれだけ請願・陳情が出るのは異例で、都民の関心の高さを示している。

計画の見直しを求めるものが四百一件（七千二百九十七人分）、推進を求めるものが六十六件（延べ二百十四人分）。ほかに、東京大空襲などの犠牲者氏名の記録事業を求めるものが四件（四人分）あった。

見直しを求めるものは「白紙撤回」「建設中止」「展示内容の再考と計画・運営の民主化」などさまざまな文面で、偏向展示に反対している「平和祈念館を正す都民の会」会長の外交評論家、加瀬英明さんら二千百三十四人の請願や、建設場所の見直しなどを主張する「『平和祈念館』建設案の再考を求める会」の安増武子代表ら四千六百二十人の陳情が含まれている。

一方、推進派の陳情書は「日本軍国主義は、満州事変以降十五年にわたってアジア太平洋で侵略戦争を進め…」としたうえで「都平和記念館基本構想懇談会報告が示した四項目の『基本的性格』に立って建設するよう決議していただきたい」とする同じ文面のものが多い。

陳情書を提出したのは、山口光昭・全日本教職員組合（全教）委員長▽柴田桂馬・東京原水協代表▽山本真一・憲法改悪阻止東京連絡会議代表▽板垣武・東京労連議長▽駒場忠親・自治労連都職労委員長―など共産党と友好関係にある団体の幹部ら。中川原隆・都教組委員長▽松島栄一・歴史教育者協議会委員長▽矢部正・東京地評議長は、二種類の陳情書に重複して署名している。

請願・陳情を付託された都議会文教委員会はこのほど、「建設委員会（知事の私的諮問機関）で議論が続いている」として、すべての請願・陳情を一括して保留とし、六月から七月にかけて開かれる定例都議会で審議することを決めた。

請願・陳情の状況について、田代博嗣都議（自民）は「見直しの世論が圧倒的に大きいのに、建設委員会の議論にまったく反映されてないのはおかしい」と批判している。

産経新聞（平成10年5月3日）

知事も新聞を見ておりますので

そもそも知事への報告にしても、生活文化局は怠慢といってよいほどしていません。この件に関して平成九年（一九九七）十二月十八日の文教委員会で質問をしてわかったことですが、**その時点で三回だけしか知事に平和祈念館の諸問題について報告をしていません**。最後に報告したのは、八月十五日です。報告資料も、「建築方法及び駐車場あるいは展示構成の概要」「建築方法の変更が中心」（文化施設担当部長）です。知事に報告した展示構成の概要も、大項目、中項目程度をまとめたもので、**展示の詳細は、あえてわからないようになっています**。

この年、八月から十二月の間に激論がありましたが、それは報告すらしていません。これでは知事が平和祈念館の現状について把握できないではないかとの質問に、**担当者は「知事も新聞をみておりますので」などとふざけたことを言うありさまです**。

危険な財団運営方式

完成した平和祈念館を、**財団方式で運営**することは、「東京都平和祈念館（仮称）基本計画」（平成六年五月）で明らかにされています。議会答弁でも「文化施設の管理運営実績を持つ財団等への委託管理運営を行う」と財団方式での運営を行うと方針を決めています。形式的には、「報告を受けている」段階ですが、百パーセント財団方式での運営になることは間違いありません。

ところが、ここに大きな問題があります。

大阪のピースおおさかも財団方式による運営なのです。財団法人大阪国際平和センターが運営するピースおおさかは、**極端な偏向が指摘されているにもかかわらず、展示の是正は遅々として進んでいません**。桃山学院大学名誉教授で**館長である勝部元氏**は、何と財団が発行し、毎号六千部作成している機関紙「ピース大阪」を利用して、展示の偏向を指摘している市民への攻撃を試みています。この**機関紙には「館長からのメモランダム」**と称する、勝部館長からのメッセージが毎号掲載されています。平成九年（一九九七）十月三十一日号で、勝部氏は「**『偏向』と『反日』」と題して、展示の変更を求める人は一部の人間だ**」と決めつけています。

歴史を逆行させようとする一部の勢力は、新しいトリックを企てています。その一つが『戦争の光と影を合わせて紹介せよ』という意見です。これは一見俗耳に入りやすい考えのようですが、現実には光と影が盾のように同じ比率で存在することはなく主要な側面が問われなければなりません」と言っています。

つまり、南京虐殺は実証された。**加害と被害展示は、バランスをとる必要はなく、加害に力点をおくことが正しいと言っているのです**。

続けて、**戦争の光と影を合わせて展示することは、「皇国史観まるまるの復活だ**」とさえ言い切っています。今まで偏向提示を進めて来たグループも、ここまでの開き直りはありません。この館長のメッセージを掲載した機関紙は、毎号大阪府内の小中学校に配布されています。つまり児童、生徒が読む可能性があるということです。

勝部氏はピースおおさかブックレットにも執筆しています。「第二次世界大戦後の地域紛争・局地戦」。内容は、人民解放軍礼賛、東側はソ連を先頭にスターリン主義の下に一枚岩化したとさえ言っているのです。スターリンの血の粛清などなかったかのようです。

どんな考えであっても勝部氏の勝手ですが、それがピースおおさかの館長としてふさわしいかといえば話は別です。さらに**税金を使ってそれこそ偏向メッセージを配信しているとなると問題です。**

財団方式では、「事務事業に関する一般的な関与のほか、議員は財団の評議員に就任をいただくなど、議会のご指導を受けながら運営に当たることとなっております」（文化施設部長）と**財団運営**は適切に行われると言っていますが、**すでに大阪では破綻**しています。

また、実際、建設委員会での議員参加は形骸化し、何ら偏向展示、密室行政の歯止めにもなっていないことから意味をなさないと言えます。

「管理運営委員会あるいは監修員の皆様がいらっしゃれば、その方を中心に（問題個所の）点検がなされると思います」と都は開館後の運営は万全とさらに説明がありましたが、東京都が財団方式で運営している「江戸東京博物館」の偏向展示は度重なる要請に無回答、手付かずです（※現在は市民運動などの働き

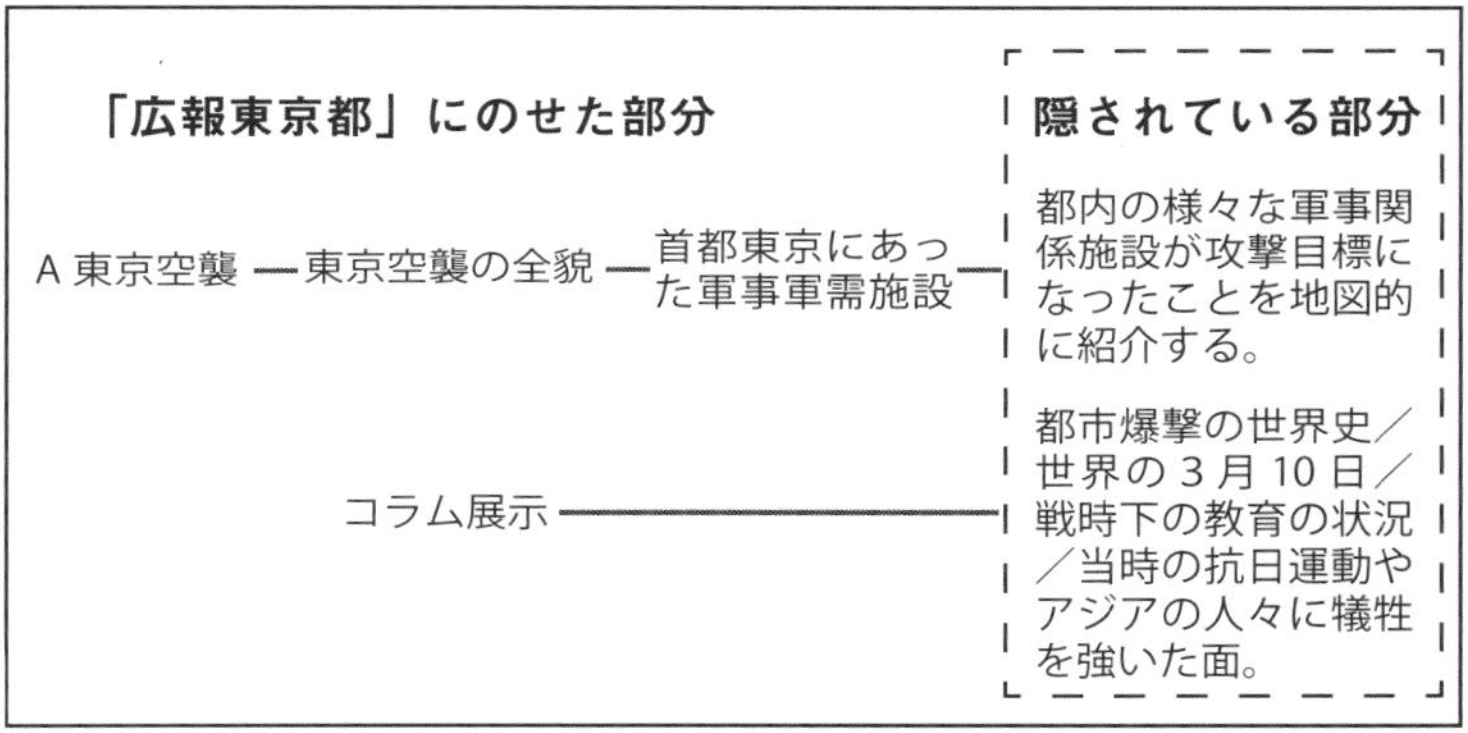
「広報東京都」にのせた部分
隠されている部分
A 東京空襲
東京空襲の全貌
首都東京にあった軍事軍需施設
都内の様々な軍事関係施設が攻撃目標になったことを地図的に紹介する。
コラム展示
都市爆撃の世界史／世界の3月10日／戦時下の教育の状況／当時の抗日運動やアジアの人々に犠牲を強いた面。

巧妙に仕組まれた「基本設計の考え方」
「広報東京都」に掲載された部分だけでは、展示の具体的内容がわからないようになっている。批判のあった空襲容認論に基づく自虐展示が消されていることがわかる。

かけで展示は八十パーセント是正されました。市民の力です）。

この期に及んで情報かくし

生活文化局は平成十年（一九九八）八月二十四日に「東京都平和祈念館（仮称）の展示内容についての周知及び都民意見について」を決定し、建設委員会の報告について都民の幅広い意見を集約することになりました。ところが、ここにも巧みなトリックがあります。

都は展示計画の概要を九月一日の「広報東京都」に掲載しました。インターネットでも公開されていますが、都民はこれを見て**平和祈念館構想に関する意見を寄せる**ことになっています。

ところが、「考え方A」「考え方B」と両案が掲載されているものの、**肝心のテーマ説明が省略されている**のです。**単に〝コラム展示〟と記載されているところでは、実は「都市爆撃の世界史―世界の三月十日―戦時下の教育の状況―当時の抗日運動やアジアの人々に犠牲を強いた面」の展示が行われる**のです。これを〝コラム展示〟としか書いていなければ、その内容が〝反日展示〟〝自虐展示〟であることを誰もわかりません。

また、初空襲、軍事目的への爆撃コーナーでは「東京にあった軍事施設等を地図的に示す」展示が行われます。つまり、この二つはどれも文教委員会で不適切な展示だと取り上げられたものです。

本来なら議会で賛否の議論があるわけですから、議会での論点を整理して都民に示す必要があります。「**掲載するスペースがありませんので、展示の説明は省略した**」（文化施設担当部長）と言い訳を言って来ました。ここでも、**肝心なことは市民にも教えない。論争があることも教えないという情報操作、密室行政が顔を出しています**。

偏った史観の主張に幻惑されてはならない

偏向展示推進派の反論	▼都平和祈念館（墨田区横網町公園）の建設に対して、昨年末より、自由主義史観研究会（主宰＝藤岡信勝・東大教授）のメンバーやその運動と連携した、一部議員が求めている「現行計画の白紙撤回」には、数多くの問題点が含まれている。事実の歪曲や日本のアジア戦の正当化など、東京が発信する反戦・平和のメッセージには、到底相いれないものがあると思うのである。
私の再反論	▼偏向展示推進派が反論をするときに、必ず藤岡教授が代表する自由主義史観研究会を引き合いに出します。「赤旗」でも「『自由主義研究会』代表として、侵略戦争美化を公然とふりまいている藤岡信勝東大教授……」と、この筆者と同じ表現を使い、あたかも、自由主義史観研究会そのものが主導して、展示見直しを議会ですすめているような印象を与えようとしています。 　事実は、議員が主導して偏向展示

の問題点を指摘したものであり、議員の会である「東京の平和を考える会」、市民の会である「東京の平和を考える市民の会」も、独立した議員や市民が結集した会であり、偏向展示推進派のような左翼労働組合を主体としたような、組織化されたものではありません。

偏向展示問題ばかりでなく、公募委員の不正選出問題が明らかになった今日、「現行計画」そのものへの信頼は失墜しており、計画の見直しは「一部議員」では決してないことは、議会で付帯決議が可決されたことを見ても明らかです。

▼「一部関係者が、密室で議論し、特定の偏向した（極端に左傾化した）史観に基づいて策定した疑惑がある」と、自由主義史観の方々は主張される。長崎や大阪で「偏向展示に関わった業者」が裏で画策し、ある時点から軌道修正されたかのような発言もされるが、この点は、基本構想懇談

また、「東京が発信する反戦・平和のメッセージ」とあたかもそのようなものが存在するかの主張をしていますが、「東京都民平和アピール」にも、反戦などということばは全くありません。

▼密室行政、密室審議を指摘しているのは、何も自由主義史観研究会だけではありません。議会での議論がすすむなかで、良識派議員からも同様な問題が指摘されていますし、地元住民を含めて多くの市民から「私たちの知らない間に大変なことが決まっている。とんでもないことだ」

会などの膨大な記録が、そのまま反論となるだろう。

自民党政権下で文部大臣も努めた座長をはじめ、幅広い委員が集まった懇談会が打ち出した祈念館の方向性は、当初から、祈念館が、東京大空襲で犠牲になられた方々を慰霊するのみでなく、アジアへの加害も正確にとらえ、戦争というものをあぶりだすものとしてだった。戦争による被害を強調する、日本に甘い歴史観ではなく、世界の人々と平和を祈ることができる施設としてである。また、現代を生きる者として、平和な生活を脅かす環境問題までとり上

との声が多く出されています。

実際、東京都が建設予定地、横網町公園付近の住民を対象とした説明会でも、軍事都市東京ということばはおかしい、建設費がかかりすぎるのではないかといった疑問が数多く出されています。

基本構想懇談会の膨大な資料が、丹青社選定や、展示方針の軌道修正への回答になっているとの反論についてですが、逆にこの筆者は、基本構想懇談会の資料を全く読んでいないことがわかります。

資料は膨大でも何でもなく、議事録は表紙を含めてわずか八十二頁、

げられており、「東京都民平和アピール」の精神を具体化こそすれ、裏で修正した痕跡は、一切読み取れない。

懇談会報告も小冊子一冊三十九頁に過ぎません。ですから、それほどの時間をかけることもなく読める程度のものですし、丹青社選定の疑惑を晴らす資料など一切含まれていません。

丹青社は、この時点で既にオブザーバーとして参加していることが明らかになっていますし、平成四年（一九九二）から平成五年（一九九三）まで「基本構想に関する基礎調査委託」を請け負っています。そのなかで、「平和祈念館の具体的イメージ・展示方法・テーマ等の例示」（平成四年度）や、

「展示テーマ・項目・手法・資料・空間のイメージ等の例示」（平成五年度）が丹青社によってつくられています。

展示基本はこの懇談会で決定され、十五年戦争史観に基づいた内容となることが決定されています。裏で画策したかは別として、丹青社が、当初から計画に深く関わって来たことは明らかです。

自民党政権下で文部大臣を努めた人物が座長を努めているから、という反論も納得が行きません。それが一体どれほどの価値があるというのでしょうか。座長が文部大臣を努め

▼逆に、「前科のある、偏向展示の業者」というい方に強い疑念をもつ。過日の文教委員会の集中審議で、明らかにしたが、「長崎や大阪で展示物を撤去された偏向業者」と一部議員が主張された丹青社は、大阪では無関係であり、濡れ衣である。

たことがあるから、十分な審議が行われたということにはなりません。あれだけ問題になっているピースおおさかを視察して、議論らしい議論もしないようでは、懇談会の信頼性は失墜します。

▼「前科のある、偏向展示の業者」という表現にどうして「疑念」を持つのか不思議です。

長崎原爆資料館では、日本の「侵略と加害」を問うコーナーに使用された資料に、史実でない写真や映像が多数使用されていることが判明しています。「虐殺直前連行された中国の人々」と解説された写真や映像は、昭和十九年（一九四四年）アメリカで製作された反日宣伝映画「ザ・バトル・オブ・チャイナ」からの引用であることが判明しています。つまり、史実とは異なる「ヤラセ写真」であったのです。長崎では、百七十六カ所のビデオ映像が差し替えられ、三十九カ所の解説文が書き改められていて、丹青杜は全費用を負担しています。

長崎市が「指名回避処分」にしたことは当然ですが、この処分について「指名回避処分は停止処分ではない」と、とても世間では通用しない

▼逼迫した都財政の状況を鑑みれば、

暴論を主張している議員さえいるありさまです。「前科のある、偏向展示の業者」という表現に疑念を持つという感覚はこの議員と同じです。ここまではっきりした証拠があるにもかかわらず、丹青社を擁護しようとする姿勢に「疑念」を持たざるを得ません。「丹青社は、大阪では無関係」との主張も間違っています。ピースおおさかの展示は、丹青社とA社が分担して担当しています。問題になっている洗脳ビデオは丹青社が制作を担当したものです。

▼そもそもこの平和祈念館の建設計

税金の無駄遣いでないかとの主張がある。しかし、都議会において、熱心な議論が展開されてきた、大規模事業見直しにおいて、相次ぐ大型施設計画が凍結される中で、なぜ、存続してきたのかを考えたい。財政健全化計画の範疇に入らず、青島幸男知事の長期構想や重点計画になぜいれられたのかを。苦しい財政状況下においても、あえて建設すべきとの判断があるからである。戦後五十年が経過し、戦争体験者が次々とお亡くなりになり、戦争を肯定するような考え方が出てくる中で、都は平和アピールで示した決意を、反戦と平

画は社会党が鈴木与党になるための条件だったといわれています。青島都政は、単にそれを継続しているに過ぎないのです。ある役人がいっていましたが「一度決まったことは、それが間違いであっても途中で中止したりすることは余程のことがない限りできない」のです。

「苦しい財政状況下においても、あえて建設すべき」といっているのは、知事ではなく、一部の左翼組織と、それに追従する人々だけです。事実、知事は、「平和祈念館を正す都民連絡会」との会談（平成十年四月三日）で、「（平和祈念館構想は）自分の任期に起

和への道しるべを、今つけておく必要があるからではないのか。

こったことではない」「自分の立場は絶対作るということではなく、絶対作らないということでもない」と祈念館問題に対する基本姿勢を明らかにしています。

「戦争を肯定するような考え」と、暗に建設見直し派を決め付けています。私たちの主張は公平、公正な展示を実現する必要があるといっているにすぎません。偏向展示推進派の人たちのように「加害を強調することが絶対に必要だ」「日本は侵略国だ」という意見を押し付けたりはしません。

加害のみを取り上げる祈念館でな

▼自由主義史観の方々の論説は、それが、事実かどうかは別として、明解である。しかし、戦争を体験され、肉親や親族等を戦争で亡くされた方々のご心中は、大変複雑であることを忘れてはならない。祈念館の建設論議において、史観論争や史実の検証を行う必要性を有しているとは、私は考えない。戦争で犠牲になられた方々を慰霊するのは、当然のこと

ければいけない、それに反対する者は〝戦争を肯定する者〟と決め付けるのは、新しい全体主義でなくて何でしょう。

▼ここでもまた、自由主義史観が登場しますが、この筆者も認めている通り、私たちの主張は明解です。何故なら、検証を行った上で事実のみを訴えているからです。

　戦争で戦死された方、爆撃などで亡くなった方の遺族の心中を複雑にしているのは、自虐史観を振りかざし「戦争を戦ったことは悪いことだ」「日本軍は犯罪集団だ」と英霊を冒瀆

である。

　しかし、それが、政治的に新たな「英霊」を作り上げるものとなったり、「我々がやられたこと」を強調するあまり「我々がしたこと」を覆い隠したりすることは、「再びあの道」を思い出さざるを得なくなってはしまいか。建設委員会では「慰霊とは、二度と戦争を起こさないと思える展示とすることだ」との委員発言があったが、私は、まさにその通りだと思う。（中略）私たちが、幻説や詭弁に惑わされることなく、冷静に事実を把握し、議論するのも、また、平和への責務であると考えている。


している自分自身であることに全く気が付いていません。

　多くの国民が困難に際して、ある者は国体を守るため、ある者は親兄弟を守るため、ある者は妻や子を守るために命を犠牲にしたことを理解していません。戦争というと、深い考えもなしに反射的に、反戦！としか叫ぶことの出来ない人間は、パブロフの犬と同じです。

　平和祈念館の建設論議において〝史実の検証〟は必要ないといっています。このことばに彼らの陰謀が隠されています。つまり、偏向展示推進派は、「史実でないことも展示でしょうとしている」のです。冷静に過去を見つめ、平和を祈る祈念館ではなく、南京や韓国にある様な〝政治宣伝〟の場として、平和祈念館を利用しようとしているに過ぎません。

戦歿者を踏み台にしたこうした主張は正統性がないばかりか、多くの人々の怒りを買うでしょう。

「二度と戦争を起こさないため」には、どうして戦争が起きたかを展示しなくてはなりません。ただ単に、一方的に日本が悪かったという展示内容では、次の世代を担う子供たちが将来判断を誤ることになります。物事には全て原因と結果があることを知っているのでしょうか。

私たちの主張が、幻説や詭弁であるという前に、私たちが指摘している一連の事柄に、一度でよいですから、具体的な反論をしてみてもらいたいものです。

都民の前で、「平和祈念館建設は（左翼）労働組合もすすめて来たことだから推進します」「私たちの主張する情報公開は制限されたものです」と主張できますか。

付帯決議は大きな勝利への第一歩（自公民無が賛成）

都議会は平成十年（一九九八）三月二十七日、平成十年（一九九八）度予算案可決の際、「（平和祈念館）の建設に当たっては、展示内容などについて、都議会の合意を得た上で実施する」とする付帯決議を付けました。自民、公明、民主、無所属クラブの賛成です。

さらに、**平成十一度予算についても同様に付帯決議が付き、予定していた平成十三年度開館を断念しました**。

都議会の密室で決められようとしていた「東京大空襲容認史観」に基づいた東京都平和祈念館は事実上建設が中止になりました。

一部左翼は、一部の都議と石原都知事が平和祈念館をつぶしたと宣伝していますが、共産党など一部を除く会派の「賛成」で付帯決議が可決しています。さらに平成十一年（一九九九）、付帯決議は三月に可決しています。**青島都政下で、再び「付帯決議」がついたのです**。ちなみに石原知事の任期は、平成十一年（一九九九）四月からですから、付帯決議とは全く関係がありません。

平和祈念館

都 13年度開館を断念

都議会が付帯決議　空襲追悼碑を早期建立

展示内容の偏向などが指摘されていた東京都平和祈念館建設問題で都議会は十一日、都の平成十一年度予算案に、計画を再検討して東京空襲犠牲者追悼碑を早期に建立するとする付帯決議をつけて可決した。これを受け、都は同日、当初計画の十三年度開館を断念することを決めた。

付帯決議は、「都の厳しい財政状況と従来の経過を十分踏まえ」としたうえで、「展示内容のうち、いまだ議論の不十分な事実については、今後さらに検討を加え、都議会の合意を得た上で実施すること」と、関連予算の執行を凍結、都に計画の再検討を課している。

さらに、「東京空襲犠牲者追悼碑の早期建立に取り組むこと」を求めており都は祈念館に先行して追悼碑の建立を迫られる。「空襲犠牲者名簿の収集・作成を平成十一年度の早期に開始すること」も盛り込まれた。

都生活文化局は、「業者選定などのスケジュールを考えると、当初計画通りの建設は不可能だ」として十三年度開館の断念を決めた。

東京都平和祈念館計画をめぐっては、展示内容が東京大空襲犠牲者追悼という当初の趣旨から外れ、先の大戦での日本の〝加害〟をことさら強調していることや、諮問機関の委員が特定勢力に偏っていることなどが明らかになり、十年度予算案可決の際に「都議会の合意を得た上で実施すること」とする付帯決議がつけられていた。

（社会面に関連記事）

産経新聞（平成 11 年 3 月 12 日）

都平和祈念館問題

「偏向展示 未然に阻止」

市民グループ▶ 密室行政破った…勝利宣言

東京都は十一日、都議会の付帯決議を受けて、平和祈念館の平成十三年度開館を断念した。その背景には、空襲犠牲者追悼という当初の趣旨に戻ることを求める世論の力があった。空襲体験者や有識者らでつくる市民グループの連合組織「平和祈念館を正す都民連絡会」（会長・石井公一郎・元都教育委員）のメンバーはこの日、都庁内で記者会見し、「事実上の白紙化だ」として"勝利宣言"を行った。

（平和祈念館問題取材班）

東京都平和祈念館の13年度開館断念を受け、記者会見で"勝利宣言"をする藤岡信勝・東大教授（左）ら有識者や都議 ＝都庁

祈念館は展示計画の再考後に

エッセイスト 海老名香葉子さん

付帯決議の全文

7月に点検終え早期再開を表明

旧動燃東海事業所

■東京都平和祈念館建設計画の経緯■

《昭和》54年3月	作家、早乙女勝元氏ら文化人グループが東京都知事選有力候補者に「空襲・戦災記念館」設置を求める公開要請書を送る
4月	鈴木俊一氏が都知事に初当選
58年11月	家永三郎氏らが呼びかけ人となった「平和博物館を創る会」が発足。「あらゆる自治体に平和資料館を、学校・図書館に平和コーナーを」と訴える
62年2月	平和博物館を創る会が「首都圏に開設が期待される平和博物館基本構想・試案」を発表、各自治体に送る。「侵略と支配の体験」を伝えるべきだと主張
《平成》2年7月	早乙女氏らが都に「新都庁舎に平和記念室を」と要望
3年11月	早乙女氏らが都に「平和記念館建設」を要望
4年1月	都平和の日記念行事企画検討委員会（座長＝赤松大麓・元毎日新聞論説委員長）が「平和記念館の施設の検討開始」を提言
6月	都平和記念館基本構想懇談会（座長・永井道雄元文相）が発足
5年6月	都平和記念館基本構想懇談会が知事に報告書提出。「日本がどのように戦争にかかわってきたかを、犠牲をしいた側面からもとりあげることが望まれます」
10月	都平和祈念館の基本計画に関する調査委員会（委員＝佐々木隆爾・都立大教授ら5人）が発足。「記念館」から「祈念館」に名称変更
6年5月	都平和祈念館基本計画を策定。その後、財政難で棚上げ状態に
7年4月	青島幸男氏が都知事に当選
11月	都の3カ年計画「とうきょうプラン95」で平和祈念館計画が復活
8年5月	都平和祈念館建設委員会（座長＝下山瑛二・元都立大学長）が発足
6月	建設委員会の第2回会合で建設場所を墨田区の横網町公園とすることを決定
9年10月	都議会文教委員会で平和祈念館の偏向展示問題が初めて取り上げられる
12月	市民グループが「テーマを東京大空襲に絞るべきだ」などとする対案を都に提出
10年2月	戦争博物館の偏向是正に取り組む全国の地方議員が議員ネットワークを結成
3月	都議会が10年度予算案可決の際に「建設に当たっては、展示内容などについて、都議会の合意を得た上で実施すること」と付帯決議
5月	都が建設委員会委員の任期切れを前に、設置要綱を無視して全員を再任
6月	建設委員会最終回。都が機動隊を導入、傍聴者を金属探知機でチェック
7月	建設委員会が青島知事に報告書提出。自虐的展示案は変わらず
9月	都が11月にかけて都民の意見を募集
11年2月	都が寄せられた意見の要旨を公表。建設へのコンセンサスが得られていないことが改めて明らかになる
3月	都議会が11年度予算案可決の際に再び付帯決議。都が13年度開館を断念

産経新聞（平成11年3月12日）

自民、民主、公明、無所属など多数の会派が賛成したにも関わらず、「一部の都議」と言いくるめ、石原慎太郎とは関係がないのに「石原都政下」「石原都知事の登場で」というのは単なる印象操作です。

これ一つとっても、彼らの言う歴史の真実は、まやかし、ご都合主義であることがわかります。

密室行政を市民と議員が打ち破り勝利しました。

「この質問はしない方が先

生のためですよ」と言った左翼と気脈を通じる都庁職員！　時代は変わったと認識を改める必要があります。

私たちの考える東京都の平和資料館

平和資料館６原則

1、新設される平和施設の基本性格は、企画の原点である「東京大空襲」にテーマを絞ったものとすべきです。

そもそも、この平和施設は、長年にわたり東京大空襲の調査を行い、資料の保存に努めてきた、多くの市民の要望があって計画されたものです。

ところが都がまとめた基本設計案では、「東京大空襲」の犠牲者だけでなく、アジアを含む世界の全ての戦争犠牲者にまで対象を広げています。更に第二次世界大戦にとどまらず、大戦から現代に至るまでの平和に関する諸問題や、環境問題にまで展示の幅を広げたため、「東京大空襲」に要する展示が少なくなりました。

そのことが、この平和施設の基本性格を極めて曖昧なものとしています。私たちは、都が建設する平和施設の基本性格は、「東京大空襲」にテーマを絞ったものとすべきだと考えます。

2、新設される平和施設は、見学者に「東京大空襲」犠牲者への、追悼の心を呼び覚ます展示に努めるべきです。

都民の戦争体験の中でも、とりわけて昭和二十年（一九四五）三月十日の東京大空襲は、一夜にして十万人の生命を奪い、地域住民百数十万人が生活基盤の全てを失った点で、特筆される出来事でした。

空襲犠牲者遺族や体験者は、この悲劇を片時も忘れることなく、戦後五十年間にわたって、犠牲者の追悼に心を砕いてきました。

しかし近年、空襲犠牲者遺族や体験者の高齢化が進んでおります。こうした中、東京大空襲を知らない世代にも空襲の惨禍を伝え、世代を超えて追悼の心を受け継いでいくための展示施設が必要となっています。

私たちは、都が建設する平和施設は、見学者に空襲犠牲者への追悼の心を呼び覚ます展示内容に努めるべきだと考えます。

3、新設される平和施設は、「東京大空襲」の実態を後世に伝える施設とすべきです。

未曾有の被爆体験を持つ広島や長崎には、自治体の手による資料館が作られ、戦後世代にも原爆被害の実態を伝える努力がなされています。また、東京と同じく空襲を受けた仙台や神戸など各地の都市でも、数々の空襲関係の資料館が建設されています。

言うまでもなく東京大空襲は、人類史上核兵器を使用しないでの最大規模の民間人殺傷でした。ところが東京都には、各地方自治体にあるような都市空襲の全貌を明らかにして、資料の保存や展示を行い、地域の住民に悲劇の実態を伝える施設がありません。

私たちは、都が建設する平和施設は、「東京大空襲」に関する資料の収集、保存を積極的に行い、「東京大空襲」の悲劇を余すところなく後世に伝える施設とすべきだと考えます。

4、新設される平和施設は、「東京大空襲」において民間人が大量殺傷された側面を、世界史の観点から後世に伝える施設とすべきです。

第一次世界大戦後の急速な科学技術の進歩は、大量殺戮を目的とした兵器の登場をもたらし、その後、戦争の形態も大きく変貌しました。世界史において一九三〇年代以降の戦争は、「前線と銃後」、「戦闘員と非戦闘員」の区別をなくした歴史として刻まれています。「東京大空襲」は、そうした新しい戦争形態の象徴であり、何故このような悲劇が起きたのかについては、そこに至るまでの政治外交史、思想史、科学技術の発達史など、様々な観点から解明されなければなりません。

私たちは、都が建設する平和施設は、人類史上かつてない無差別爆撃となった、「東京大空襲」が、世界史の大きな流れの中で多角的な角度から検証されるべきだと考えます。

5、新設される平和施設は、「東京大空襲」罹災後の都民の復興の軌跡を伝える施設とすべきです。

関東大震災から復興した東京は、先の大戦における米国の無差別爆撃により、再び灰燼に帰しました。

しかし、東京都民はこの困難な時代の中で、首都東京の一日も早い復興を願い、再建に力を尽してきました。今日の東京都の繁栄の淵源をたどれば、それは戦災復興に始まる都民の努力にあることを、忘れてはなりません。

私たちは、都が建設する平和施設には、焦土の中から復興のために立ち上がった都民の姿を掘り起こし、これを後世に伝える展示資料が必要だと考えます。

6、新設される平和施設の運営は、広く市民に公開された、公平・公正のものとすべきです。

施設の運営が、一部の人々の意見で決定されてはなりません。

施設の運営については、各界の代表による「運営委員会」を設置すると同時に、議会にチェック機能を持たせることも必要です。施設の展示についても、開館前はもちろん、開館後も「展示検討委員会」によって内容を検証し、公平・公正な展示を心掛けなければなりません。この「運営委員会」「展示検討委員会」

の構成も、特定の歴史観に偏らないものとすべきです。

私たちは、都が建設する平和施設の運営は、広く市民に公開された公平・公正なものとすべきだと考えます。

平和資料館に求められる展示基準3原則

1、特定の歴史観に偏ることなく公正中立な展示とすべきです。
歴史観の対立がある事柄や、イデオロギーにかかわることについては、展示を差し控えるべきです。また展示内容が、特定の国や個人の責任を追及するものであったり、特定の思想を宣伝するものであってはなりません。

都民がこぞって賛同できるようにするため、展示内容には中立性が必要です。

2、信憑性の高い資料を展示物として選定すべきです。
全国の平和施設の中には、社撰な展示物選定が市民の間で指摘される所が存在しています。長崎市原爆資料館、川崎市平和館、大阪国際平和センターなどでは、劇映画が実写映像として使用されたり、出所不明な写真が展示され、今も問題となっています。

展示物の選定に当たっては、歴史事実に基づき詳細に検証されたものに限るべきです。更に、全ての資料には出典や提供者を明記し、展示施設が責任を持って資料の信憑性を明らかにすべきです。

3、青少年に配慮し、残酷な資料の展示は見送るべきです。

全国の平和関連施設の中には、戦争の悲惨さを強調する余り、死体、遺体などの残酷な写真を展示しているところが存在します。

諸外国では、こうした暴力や死体などの映像表現が、厳しい規制の対象となっています。日頃人間の死と接する機会のない子供に、残酷な写真等を見せることの影響は計り知れません。こうした残酷な資料の展示は見送るべきです。

〈以上は、「東京の平和を考える会」が平成九年〈一九九七〉十二月十六日に発表した、東京都の「平和資料館の原則」です〉

その後、偏向平和祈念館は、こうした市民と議員との連携で建設を阻止出来ました。しかしながら、建設推進派は、過去の議会での議論を「誰も知らない」

と高を括って、「一部の都議」「石原都政」が建設を阻止、慰霊を妨害したと宣伝し、粘り強く建設運動を展開しています。

しかし、本書で示した、数々の事実が示すように彼らと彼女たち、それと都庁生活文化局一部職員は気脈を通じて歴史を汚す展示を、行政の隙をついて作ろうとしていました。それはある意味空襲犠牲者への冒瀆でもあります。その冒涜の上に立った手法で、今回も建設をすすめようとしているのです。

私たちの主張は「私たちの考える東京都の平和資料館」に明らかです。

アメリカの国際法を無視した大量殺戮で無念にもなくなった多くの犠牲者の鎮魂の施設を作る必要があります。

今、私たちが問われています。

平和祈念館建設計画のあゆみ（平成11年3月12日付「産経新聞」参考）

《昭和》	
54年（1979）3月	作家、早乙女勝元氏ら文化人グループが東京都知事選有力候補者に「空襲・戦災記念館」設置を求める公開要請書を送る
4月	鈴木俊一氏が都知事に初当選
58年（1983）11月	家永三郎氏らが呼びかけ人となり「平和博物館を創る会」が発足。「あらゆる自治体に平和資料館を、学校・図書館に平和コーナーを」と訴える
62年（1987）2月	平和博物館を創る会が「首都圏に開設が期待される平和博物館基本構想・試案」を発表、各自治体に送る。「侵略と支配の体験」を伝えるべきだと主張
《平成》	

2年（1990）	7月	早乙女氏らが都に「新都庁舎に平和記念室を」と要望
3年（1991）	11月	早乙女氏らが都に「平和記念館建設」を要望
4年（1992）	1月	都平和の日記念行事企画検討委員会（座長＝赤松大麓・元毎日新聞論説委員長が「平和記念館の整備の検討開始」を提言
	6月	都平和記念館基本構想懇談会（座長・永井道雄元文相）が発足
5年（1993）	6月	都平和記念館基本構想懇談会が知事に報告書提出。「日本がどのように戦争にかかわってきたかを、犠牲をしいた側面からもとりあげることが望まれます」
	10月	都平和祈念館の基本計画に関する調査委員会（委員＝佐々木隆爾・都立大教授ら5人）が発足。「記念館」から「祈念館」に名称変更
6年（1994）		

5月	都平和祈念館基本計画を策定。その後、財政難で棚上げ状態に
7年（1995）4月	青島幸男氏が都知事に当選
11月	都の3カ年計画「とうきょうプラン95」で平和祈念館計画が復活
8年（1996）5月	都平和祈念館建設委員会（座長＝山下瑛二・元都立大学長）が発足
6月	建設委員会の第2回会合で建設場所を墨田区の横網町公園とすることを決定
9年（1997）10月	都議会文教委員会で平和祈念館の偏向展示問題が初めて取り上げられる
12月	市民グループが「テーマを東京大空襲に絞るべきだ」などとする対案を都に提出
10年（1998）2月	戦争博物館の偏向是正に取り組む全国の地方議会が議員ネット

	ワークを結成
3月	都議会が10年度予算案可決の際に「建設に当たっては、展示内容などについて、都議会の合意を得た上で実施すること」と付帯決議
5月	都が建設委員会の任期切れを前に、設置要綱を無視して全員を再任
6月	建設委員会最終回。都が機動隊を導入、傍聴者を金属探知機でチェック
7月	建設委員会が青島知事に報告書提出。自虐的展示案は変わらず
9月	都が11月にかけて都民の意見を募集
11年（1999）	
2月	都が寄せられた意見の要旨を発表。建設へのコンセンサスが得られていないことが改めて明らかになる
3月	都議会が11年度予算案可決の際に再び付帯決議。都が13年度開館を断念

第五章

全国の偏向平和祈念館

但馬オサム

本書は、左派勢力が建設を推進している「東京都平和祈念館」（仮称）の危険性について語ってきました。しかし、この建設をひとつ止めただけで問題がなくなるわけではありません。

既に「平和」と冠した、あるいは「平和」を謳った祈念館（記念館）・資料館が日本各地に存在し、その中には、明らかに思想的に偏向した怪しげな展示物や解説文によって、訪れた生徒児童に自虐史観を植え付ける負の教育施設として機能しているものも少なくないのです。

修学旅行や社会科見学でそれらの施設を訪れた中高生が書き残した感想ノートには、「戦争中、日本人がこんなひどいことをやっていたなんて初めて知った」「日本人であることが恥ずかしくなった」といった類の文言が並んでいます。自国の歴史を恥じ、己の中に流れる日本人の血を呪えと洗脳する、なんと不健全で病的な「教育」ではありませんか。しかるべき権威ある監修者による展示内容の精査と健全化がまたれるばかりです。

本章では、そんな祈念館・資料館のごく一部を紹介しておきたいと思います。

埼玉ピースミュージアム（埼玉県平和資料館）

埼玉県東松山市大字岩殿二四一－一一三　物見山公園内

平成五年（一九九三）開館。平成十八年（二〇〇六）六月の埼玉県議会定例会において、小島信昭県議（自民党）が同資料館の偏向展示を問題視しています。県議は一例を挙げ、展示年表に「従軍慰安婦問題など日本の戦争責任の論議が多発」という文言があると指摘、これに応える形で上田清司知事（当時）が「東西古今、『慰安婦』はいても『従軍慰安婦』はいない。兵のいるところに（『慰安婦』が）集まってきたり、兵を追いかけて民間業者が連れて行ったりするのであって、軍そのものが連れて行くなんてことは絶対にない」と発言しました。

従軍〇〇の「従軍」は軍属を意味します。「従軍慰安婦」は戦後に小説のタイトルで一般に広がった造語で戦時中にはない名称です。むろん、強制連行の事実もありません。つまり、上田知事の認識はなんら間違いはないですが、この発言に対して共産党所属の県議をはじめ左派系九団体から発言撤回を求める抗議の声が上がり、同年十月には韓国の元慰安婦が県庁を訪れ撤回と謝罪を求めるなど、大きな波紋を広げました。

同時に、この騒動が全国の平和祈念館（資料館）の自虐展示を見直す転機となったのも事実のようです。

平成二十五年（二〇一三）のリニューアルで、自虐色は薄まりましたが、「体験コーナー」での戦前の修身教育の再現映像に関して同資料館ウェブサイトでは「戦争中の教育は、純粋な子どもたちを戦争へと駆り立てる大きな役割を果たしました」と解説をしており、やや恣意的なものを感じざるを得ません。

ピースおおさか（大阪国際平和センター）

大阪市中央区大阪城二―一

平成三年（一九九一）、大阪府と大阪市の共同出資により、「平和首都大阪」のシンボル的施設として大阪城公園内にオープンしました。「大阪空襲を語り継ぐ」というのが当初の理念のはずでしたが、フタを開けてみると「朝鮮半島の植民地化」、「中国―日本の大陸侵略」、「東南アジア諸国の受難」といった、大阪空襲とは直接の関係のない展示物で展示室ひとつが占拠されており、その中には、「南京大虐殺」や「七三一部隊の人体実験」のものとする真偽不明の死体写真パネルも数多くあったといいます。

その徹底した自虐史観（加害史観といってもいい）、「十五年戦争」論に基づいた展示コンセプトは「東京都平和祈念館」構想のモデル・ケースとなっているといっても過言ではないでしょう。

同館のあまりにも偏向した展示内容については当時、国会でも取り上げられたほどです。橋下徹大阪府知事、同大阪市長時代（平成二十三年〜二十七年）には、展示内容の大きな改善が見られました。平成二十七年（二〇一五）に大幅に展示内容がリニューアルされ、日本がなぜ戦争の道を歩まざるを得なかったか、当時の世界情勢を交えた、より巨視的でニュートラルな内容の解説パネルが加わりました。

平成十一年（一九九九）三月には「戦争資料の偏向展示を正す会」という保守系市民団体の尽力で、東條英機の苦悩を描いた劇映画『プライド〜運命の瞬間』（津川雅彦主演）を同館で上映したほか、平成十二年（二〇〇〇）には、「20世紀最大の嘘『南京大虐殺』の徹底検証」（講師・東中野修道氏）という講演イベントの開催にも成功していますが、その際には、組合系左派グループなどからの激しい抗議デモにみまわれたといいます。

長崎原爆資料館

長崎県長崎市平野町七―八

昭和三十年（一九五五）、長崎国際文化会館の原爆資料センターとしてオープン。平成八年（一九九六）、建物の老朽化のため、現在の原爆資料館として再建築されました。

平成四年（一九九二）に発足した長崎国際文化会館建替検討委員会では、本島等市長（当時）の強い意向で、「日本の侵略の歴史を踏まえた展示とする」ことが確認されたといいます。

ちなみに本島氏は市長時代の昭和六十三年（一九八八）、「天皇にも戦争責任がある」と発言、平成二年（一九九〇）、右翼団体の男に狙撃され全治一か月の重傷を負った人物です。また、本島氏は「原爆は落とされるべきだった」「原爆が日本に対する報復としては仕方がなかった」（「平和教育研究」VOL.24）という原爆容認論ともいうべき主張の持ち主でした。

続く伊藤一長市長も本島氏の路線を基本的に踏襲。自虐展示（主に南京事件に関するもの）に関しては、自民党県議や保守系団体と左派系団体の間で激しい駆け引きがあり、開館直前にパネルのいくつかを差し替えることで落としどころを見ましたが、これには今度、長崎の華僑グループから反発が起き、一度保留にされた自虐パネルが再展示されるという紆余曲折がありました。

さらには、展示された「南京事件」のものとされる映像資料が、フランク・キャプラ監督の反日プロパガンダ映画『ザ・バトル・オブ・チャイナ』（一九四四年）のやらせシーンから引用されたものであることが、産経新聞（一九九六年四月二十一日付）のスクープで明らかになり、再度の差し替えを余儀なくされています。

館内展示全般を請け負ったのが、広島原爆資料館のリニューアルも担当している東京港区に本社を置くディスプレイ企画会社の丹青社です。

沖縄県立平和祈念資料館

沖縄県糸満市字摩文仁六一四－一

単に沖縄県平和祈念館とも呼びます。前身である沖縄県立資料館（昭和五十年〈一九七五〉開館）の後継施設として、平成十二年（二〇〇〇）に現在の場所に移転リニューアルされたのが、同祈念資料館です。

旧資料館は開館当時、展示コンセプトが「沖縄戦記」的なものに偏り過ぎているという指摘があり、昭和五十三年（一九七八）の改装では、「本土軍人による住民虐待」といった旧軍の加害を強調するものへと内容を転じました。大田昌秀県知事時代に建設計画が本格化した新祈念館はその路線をさらに押し進め、展示内容は、軍隊＝加害者、沖縄県民＝被害者・論ほぼ一色となっています。

ちなみに大田昌秀氏（故人）は「軍隊は人を守らない」、「沖縄は本土の捨て石にされた」を持論とする、いわゆる「鉄の暴風」史観の信奉者のひとりとして知られた人物です。

展示内容の偏向性に関しては、元鎌倉市議の伊藤玲子氏の著書『「沖縄県平和祈念館資料館」その真実』（展転社）がくわしいので、ご興味ある方はぜひご参照ください。

同書によれば、来館者は第一展示室「沖縄戦への道」へ足を踏み入れると、まず「あの戦争は侵略戦争だった」という解説の洗礼を受けるそうです。そこには、開国当時の日本を取り巻く世界情勢、とりわけ欧米列強のアジア植民地争奪についての解説はなく、来館者に日本が一方的に侵略を始めたかのような刷り込みがなされるようになっています。かつて琉球と呼ばれた沖縄も、日本のアジア進出の過程で、琉球処分により日本に一方的に組み込まれ「皇民化政策」により急速に日本人にされたというのが同館の主張です。

さらに日本に対する憎悪をたきつけるのが、沖縄戦をテーマにした第三展示室「地獄の戦場」です。ここでは、「食糧の強奪」、「スパイ容疑での虐殺」、「集団自決の軍命」といった日本軍の残虐行為がこれでもかというほどに強調されています。まるで日本と沖縄が戦争をしていたかのような錯覚に陥りそうです。圧巻は当時のガマ（壕）を再現した蝋人形による立体展示です。

《洞窟に入ってはじめに目にするのは、洞窟（壕、ガマ）に隠れている住民らを銃剣を構えている日本兵が見張っている姿だ。そこには、泣き声がもれないように母親が口を押えている。あたかも、赤ん坊が泣き止まなければ殺害でもするぞと言わんばかりの形相だ》（『「沖縄県平和祈念館資料館」その真実』）

確かに、このような状況であやまってわが子を殺めてしまった母親の事例はあったと聞きます。もし赤ん坊の声によって敵に居場所を知られてしまったら、そこにいる全員が殺される可能性が大きいのです。仕方がなかったというのは酷ですが、これもまた戦争の悲劇のひとつであって、誰を責めるべきものでもないのでしょうか。

この展示に、ガマの向こうにいるはずの米兵の存在はまったくない、と伊藤氏は指摘します。つまり、あくまで悪いのは日本軍なのだといわんばかりなのです。

ガマの中に生存者を見つけたときのアメリカ兵のやり方は残酷を通り越して非道といえました。ガマにガソリンを流し込み、火炎放射器で一気に焼き殺すのです。兵隊も民間人も男も女も、むろん赤ん坊もです。むしろ、こちらの方を展示で後世に伝えるべきではないでしょうか。

日本の主な平和祈念館

青森空襲資料常設展示室
〒030-0813　青森県青森市松原一丁目6-15　青森市中央市民センター内
北上平和記念展示館
〒024-0334　岩手県北上市和賀町藤根14地割147番地3
長岡戦災資料館
〒940-0061　新潟県長岡市城内町2-6-17
仙台市戦災復興記念館
〒980-0804　宮城県仙台市青葉区大町二丁目12番1号
埼玉県平和資料館
〒355-0065　埼玉県東松山市岩殿241-113
東京都立第五福竜丸展示館
〒136-0081　東京都江東区夢の島2-1-1 夢の島公園内
せたがや平和資料室
〒154-0016　東京都世田谷区弦巻3-16-8　世田谷区立教育センター
中野区平和資料展示室
〒165-0026　東京都中野区新井三丁目37番78号
川崎市平和館
〒211-0021　神奈川県川崎市中原区木月住吉町33-1
地球市民かながわ国際平和展示室
〒247-0007　神奈川県横浜市栄区小菅ケ谷1-2-1
浜松復興記念館
〒430-0937　静岡県浜松市中区利町304-2
岐阜市平和資料室
〒500-8856　岐阜県岐阜市橋本町1-10-23　ハートフルスクエア-G
大阪国際平和センター
〒540-0002　大阪府大阪市中央区大阪城２番１号
吹田市立平和祈念資料館
〒565-0862　大阪府吹田市津雲台1丁目2番1号　千里ニュータウンプラザ8階
堺市立平和と人権資料館
〒599-8273　大阪府堺市中区深井清水町1426　堺市教育文化センター内

舞鶴引揚記念館
〒625-0133　京都府舞鶴市字平1584番地　引揚記念公園内
神戸市戦災記念資料室
〒652-0897　兵庫県神戸市兵庫区駅南通り5-1-1
西宮市平和資料館
〒662-0944　兵庫県西宮市川添町15－26　西宮市教育文化センター1階
姫路市平和資料館
〒670-0971　兵庫県姫路市西延末475番地　手柄山中央公園内
福山市人権平和資料館
〒720-0061　広島県福山市丸之内1丁目1-1
大久野島毒ガス資料館
〒729-2311　広島県竹原市忠海町5491番地
国立広島原爆死没者追悼平和祈念館
〒730-0811　広島県広島市中区中島町1-6
広島平和記念資料館
〒730-0811　広島県広島市中区中島町1-2
鳴門市ドイツ館
〒779-0225　徳島県鳴門市大麻町桧字東山田55-2
高知市立自由民権記念館
〒781-8010　高知県高知市桟橋通4丁目14-3
碓井平和祈念館
〒820-0502　福岡県嘉麻市上臼井767番地
長崎原爆資料館
〒852-8117　長崎県長崎市平野町7番8号
国立長崎原爆死没者追悼平和祈念館
〒852-8117　長崎県長崎市平野町7番8号
佐伯市平和祈念館やわらぎ
〒876-0811　大分県佐伯市鶴谷町3丁目3番12号
沖縄県平和祈念資料館
〒901-0333　沖縄県糸満市摩文仁614番地の1

本書を東京大空襲犠牲者の御霊に捧げます。

【著者略歴】

土屋敬之（つちや　たかゆき）

国会両院記者会「やまと新聞」編集長。浄土真宗東本願寺別院（京都）本願寺眞無量院僧徒、元東京都議会議員、元拓殖大学日本文化研究所客員教授。

昭和27年生まれ。獨協大学法学部卒業、法律専攻科修了、国会議員秘書（小沢鋭仁代議士第一秘書兼地元事務局長）を経て、平成9年民主党公認として東京都議会議員に当選（板橋区）。以後、4期16年当選。都議会文教委員会副委員長、総務委員長、議会運営委員会理事、オリンピック招致特別員会理事、警察消防委員会理事、監査委員、都議会民主党総務会長（3期）、民主党東京都連常任幹事（2期）、選対委員長代理などを歴任。「北朝鮮に拉致された日本人を救出する地方議員の会」初代会長、「北京オリンピックに反対する地方議員の会」会長。

都議会在任中は、「東京大空襲は日本の加害責任」とする偏向東京都平和祈念館を、藤岡信勝東京大学教授らと共に市民運動を組織して阻止した。更に、全国ワーストワンだった、東京都の学校式典における国旗の掲揚、国歌の斉唱について、「ルール」を作ることでベストワンにした。また、共産党支配だった都立大学を石原都知事の協力で解体。35年振りに公務員制度改革を実施、「組合の仕事をしながらでも給与が出る」ながら条例を廃止に追い込むなど、左翼と対峙、大きな成果を上げた。雑誌「正論」「WILL」などにも論文多数。ニューヨークタイムス、BBCなどの取材を受ける。

憲法学会会員。

著作に『ストップ偏向平和祈念館』『こんな偏向教師を許せるか！』『治安回復100の証言検証』『わかる介護マニュアル』『教科書から見た日露戦争』『政策ハンドブック』『大地震マニュアル』『概説　戦後教育』『わかる！星空の楽しみ方』（プロデュース）『日本近現代史の真実』他多数。

国会議員政策担当秘書資格、ネイリスト、メンタルケア（傾聴）スペシャリスト、グリーフケア（悲嘆）アドバイザー、日赤ベーシックライフサポーター、危機管理主任、愛玩動物飼養管理士、動物取扱主任、食品衛生責任者、第三級アマチュア無線技士の資格を有する。

但馬オサム（たじま　おさむ）

昭和37年東京生まれ。文筆人・出版プロデューサー・国策映画研究会会長。10代のころより、自動販売機用成人雑誌界隈に出入りし、雑文を生業にするようになる。得意分野は、映画、犯罪、フェティシズム、猫、と多岐にわたる。

偏向平和祈念館の建設阻止
東京大空襲容認史観を許すな

令和三年七月二十八日　第一刷発行

著　者　土屋　敬之
但馬オサム

発行人　荒岩　宏奨
発　行　展　転　社
〒101-0051 東京都千代田区神田神保町2-46-402
TEL　〇三（五三一四）九四七〇
FAX　〇三（五三一四）九四八〇
振替〇〇一四〇―六―七九九九二
印刷製本　中央精版印刷

ISBN978-4-88656-525-9